创漩

都市年轻人的行为特征及其心理洞察

生活者“动”察2013

The Dynamics of Chinese People

博报堂生活综研(上海)

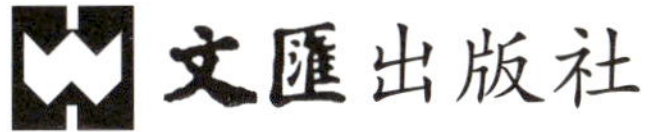

创造年轻人的新市场

在中国，80后90后年轻人的人口总数约为4.1亿，占到中国总人口的近3成。这一代年轻人被视为经济日益发展的中国的今天和明天的消费主力。而其中生活在城市的90后，更是从小衣食无忧，在中国社会的国际化发展和电子信息时代的影响下成长起来的新一代。因他们而流行起来的话题、商品和新的生活方式、流行语也不断孕育而生，其影响力甚至波及大众传媒。即将迈入成年人行列的90后，很有可能会成为能够改变中国消费行为的一代。

不少企业和媒体在几年前就已经开始关注90后，关于90后的报道也不乏其数。其中，将他们称为“非主流”、“拜金”的说法也不少见。而在我们的身边却很难找到一个自认为是“非主流”的90后。可能确实有一部分90后比较“非主流”，但这并不能代表一般90后和年轻人的行为观念。那么，“什么才是更具代表性的一般年轻人的欲求和追求呢”？这成为了我们本次研究所要探讨的主题。

博报堂生活综研(上海)从新的视角对“生活者”进行分析，通过了解其本质的欲求，找到适用于企业商品及服务未来发展的新方向，并将研究成果汇集成《生活者“动”察》一书对外发表。本次研究(第一年度)是携手中国传媒大学广告学院，以居住在城市里的年轻人特别是90后为研究对象展开的。通过对90后的行为意识进行洞察和分析，我们最终将这种年轻人的新欲求用一个新词“创漩”做了一个全新的定义。

在【概述】里，我们将概括介绍年轻人对成功的定义的变化，和与之相关联的年轻人的3种特征性行为的新动向，从而导出“创漩”的定义及其今后可能会产生的影响。

在【分述】中，我们针对【概述】中涉及的年轻人的3种特征性行为动向做了“70后·80后·90后”的纵向比较，以及与美国、日本等国情况的横向对比，来进一步深入了解并确认其特征，然后对这些行为动向背后的实质欲求进行了深入的考察。

最后，在【建议】中，我们围绕年轻人追求“创漩”这一现象，提出了8个可供企业在市场营销活动中参考的意见和建议。

希望本书中提及的有关“创漩”的观点和建议，能对创造年轻人的新市场有所帮助。

博报堂生活综研(上海)　全体研究员

年龄 18～27岁 ※特别关注90后(大学生与社会人)和85年后出生的人群

区域 一线城市(北京、上海、广州)

收入水平 家庭月收5,000～20,000元 ※经济上处于中等阶层的家庭的年轻人

收入水平＼区域	大城市（一级城市）	地方城市（二级以下城市）
高 家庭月收20,000元以上		
中 家庭月收5,000～19,999元	本次的研究对象	
低 家庭月收4,999元以下		

参考 "月收5,000~20,000元"家庭的比例(出处：CNRS2011)

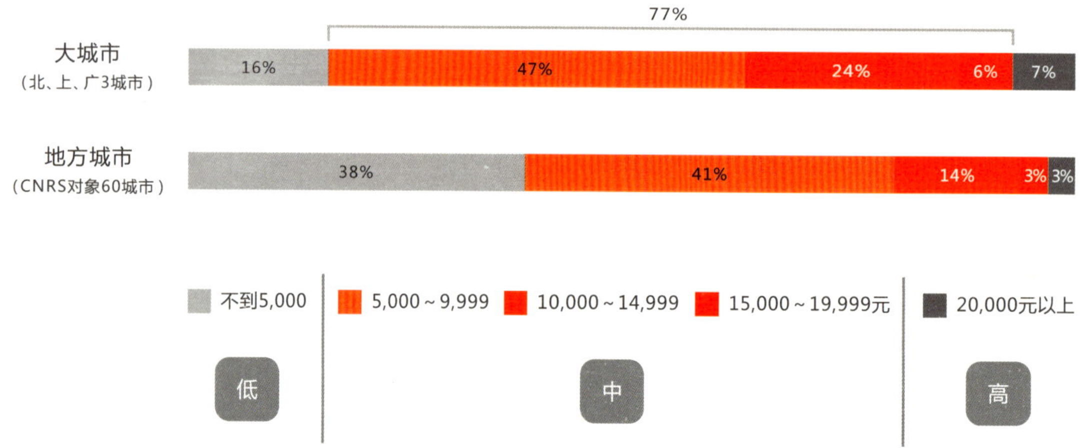

本次研究引用的调查数据来源（均属博报堂集团的独立调查）

博报堂

「博报堂Global HABIT」

※可对世界各国的生活者按时间轴进行俯视比较

调查城市：北京、上海、广州
调查对象人数：约2,400ss(各城市约800ss)
调查对象条件：15~54岁男女
家庭月收4,000元以上
调查项目：约900个项目
调查手法：访问面谈调查(每年1次，自2000年以来每年进行)
调查机构：央视市场研究股份有限公司(CTR)

博报堂生活综研(上海)

「70后·80后·90后家庭访问调查」

调查城市：北京、上海、广州
调查对象人数：16ss
调查时期：2012年12月
调查对象条件：70后男女、80后男女、90后男女
※90后指18岁以上人群
调查手法：家庭访问调查(一对一访谈)
调查机构：上海诚越市场研究有限公司(Consumer Insight Research)
& 博锐讯(Broad Research Marketing
Management Consulting)

博报堂生活综研(上海)

「年轻人意识行为变化的调查」

调查城市：北京、上海、广州
调查对象人数：5,400ss
调查时期：2012年5月
调查对象条件：70后男女、80后男女、90后男女
※90后指18岁以上人群
家庭月收5,000~19,999元
调查手法：CLT(会场集合调查)
调查机构：上海诚越市场研究有限公司
(Consumer Insight Research)

博报堂生活综研(上海)

「微博内容的分析调查」

调查城市：北京、上海、广州
调查对象人数：180ss
调查时期：2012年3月~5月
调查对象条件：70后男女、80后男女、90后男女
※90后指18岁以上人群
经常使用微博者
调查手法：微博内容的分析
调查机构：上海诚越市场研究有限公司
(Consumer Insight Research)

博报堂生活综研(上海)

「年轻人意识行为变化的调查(地方城市版)」

调查城市：2级·3级城市　计33个城市
调查对象人数：5,940ss
调查时期：2012年12月
调查对象条件：70后男女、80后男女、90后男女
※90后指18岁以上人群
家庭月收3,500~9,999元
调查手法：CLT(会场集合调查)
调查机构：上海诚越市场研究有限公司
(Consumer Insight Research)

博报堂生活综研(上海)

「微博达人访谈调查」

调查城市：北京、上海
调查对象人数：21ss
调查时期：2012年12月
调查对象条件：拥有2,000人以上粉丝的微博主
调查手法：深度访谈
调查机构：博锐讯(Broad Research Marketing
Management Consulting)

博报堂生活综研(上海) & 中国传媒大学广告学院

「关于成功意识的小组访谈」

调查城市：北京、上海、广州
调查对象人数：58ss(1组2~3人，共21组)
调查时期：2012年6月
调查对象条件：70后男女、80后男女、90后男女
※90后指18岁以上人群
家庭月收10,000~14,999元
调查手法：FGI(Focus Group Interview)
调查机构：中国传媒大学广告学院 / IMI(创研)市场信息研究所

目录

概述

年轻人的新欲求

年轻人的生活环境与成功观念的变化

1990年，麦当劳进入中国；1993年，手机的数码通信服务开始；1993年，粮票制度废止；1995年，双休日制度开始实施；1995年，网络连接服务开始；1997年，国外旅行自由化；1999年，手机号码升级为11位数……居住在城市的90后，是从小就享受着富足生活，并受到国际化和网络文化强烈冲击的一代。和其他年代的人相比，经济上的富足在某种程度上减弱了他们的物质欲求。

在这代人即将走上工作岗位的今天，他们又面临着因毕业生人数的大幅增加而带来的就业难问题，以及因公司内部结构板结化而引起的上升空间逼仄困境。对这一代人来说，要在"经济上取得成功"，似乎已变得更加难上加难。

从"对成功者形象的理解"一图(右上图)中可以看到，不同年龄层对"成功者"的形象的理解会有所不同。越年轻，对"金钱"和"地位"的重视度越低，而相反更看重"能力"和"个性"。90后在描述成功者形象时，更多地选择了"能力"而非"金钱"和"地位"。

与上一代人将成功定义成"追求金钱和地位、为了出人头地而奋斗"相比，现在的年轻人则更多地是把成功定义在"希望在有所提升的同时，能更多元化地、更广范围地发展自身的能力和个性"这一层面上。

正是这种成功观念的转变，构成了年轻人行为特征及其心理欲求嬗变的时代背景。

对成功者形象的理解

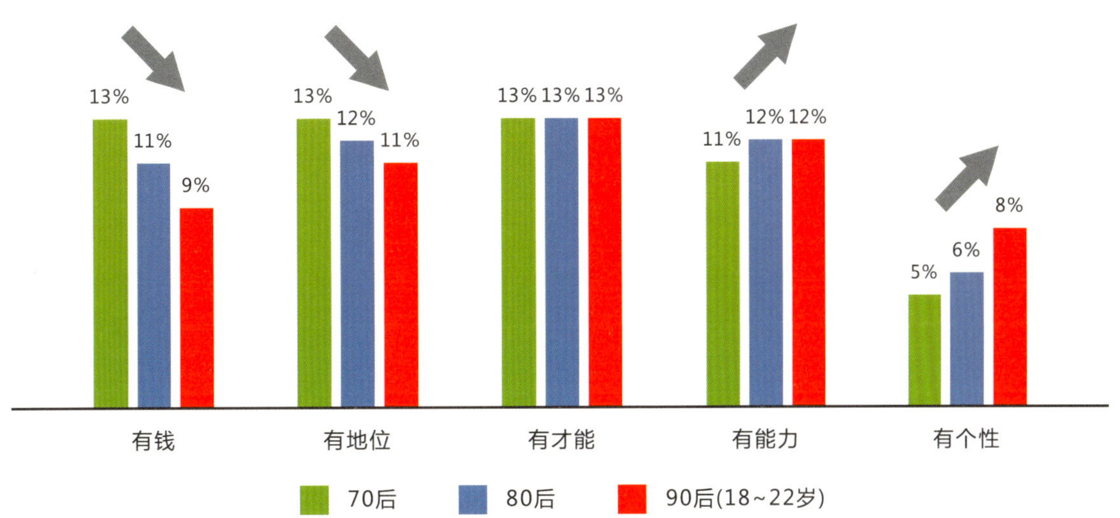

对“成功”定义的理解，在不同的年龄层中发生了变化。

在年轻人眼里，“金钱、地位”下降，“能力、个性”上升。

出处：“年轻人意识行为变化的调查”

不同年龄层的成功观念的区别

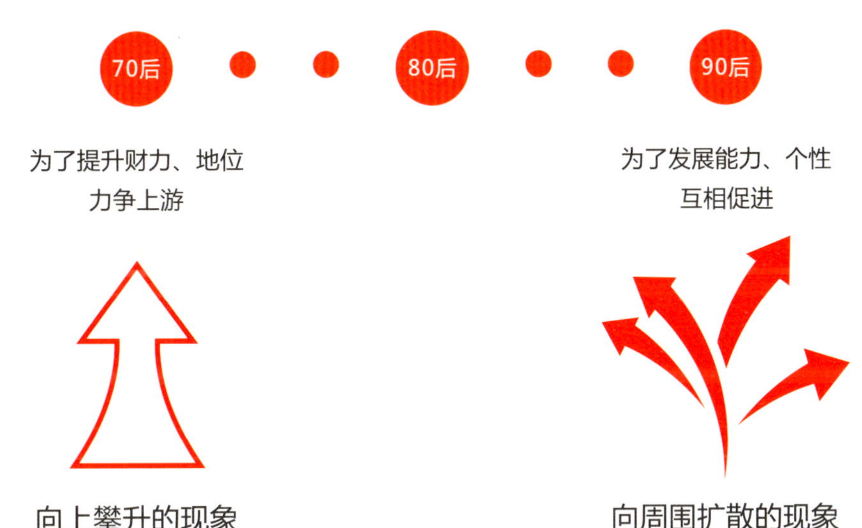

年轻人的行为变化

说到具有年轻人特征性的行为，大家会想到哪些呢？我们从自身感受和对各年龄层的观察、访谈等方面着手，关注了以下3个年轻人的特征性行为的变化。

首先是在“寻找”动作上的变化。大家是否也常常看到一些年轻人坐在咖啡店里，默默地各自玩弄着自己的手机？上一代的人多半是通过借鉴大多数人的评价，来判断其是否是“受到大家好评”或“有名”的，从而更有效快速地“求”到所需信息。而年轻人则倾向于对自己感兴趣的事物进行广泛搜索，用“淘”(带有寻宝的意思)这个词来表达是最恰当不过的了。

然后是在“自我表现”方法上的变化。您有没有见过年轻人将买来的东西或拍摄的照片按自己想要的风格进行加工？如果我们将上一代的人直接“享”用购买来的东西也视作自我表现的话，那么更多的年轻人则更倾向于通过对物品进行个性化加工处理来“秀”出自我。

第三个是在“信息传递”上的变化。这几年，以年轻人为代表，很多人玩起了微博。我们发现其中的年轻人会更多地将自己的自拍照和一般生活照放到微博上去。而年纪大点的人或许会更多地把能显示自己档次的生活体验或生活场景上传到网上，成为一种“耀”的表现。相比之下，年轻人更倾向于随性地把自己的样子、心情和一些日常生活琐事一起，作为自身的一种风格“晒”(分享的意思)出去。

70后
90后
① "寻找行为"的变化
求
淘
② "自我表现行为"的变化
享
秀
③ "信息传递行为"的变化
耀
晒

年轻人行为背后的欲求变化

那么，这3个年轻人的特征性行为的背后隐藏着怎样的本质欲求呢？除了前面提及的关于成功观念的区别以外，我们还从一系列的家访调查和深度访谈中，捕捉到了以下这些内容。

70后的“求”“享”“耀”行为的背后，一部分是希望“让周围知道自己的生活水平和阅历水准，希望受到赞扬；同时从别人那里得到相关的信息，从而进一步丰富和提高自身”的欲求。也就是希望“通过与他人的竞争以求向上发展的欲求”。

90后的“淘”“秀”“晒”行为的背后，是“通过自身的材料博得共鸣，拉近与价值观相仿的人的关系，或者互相影响”。其中，我们看到了年轻人“希望提升自我存在价值”的欲求，从而形成了其“通过与他人的相互影响而取得伸张的欲求”。

时尚、运动、艺术、娱乐及其他……这一代年轻人在自己感兴趣或关注的领域里，不断地与能和自己产生共鸣的人互动，在满足了其扩大自身存在感欲求的同时，也变得越来越擅长运用这些用以实现自我欲求的方法了。

通过与他人的竞争以求向上发展的欲求

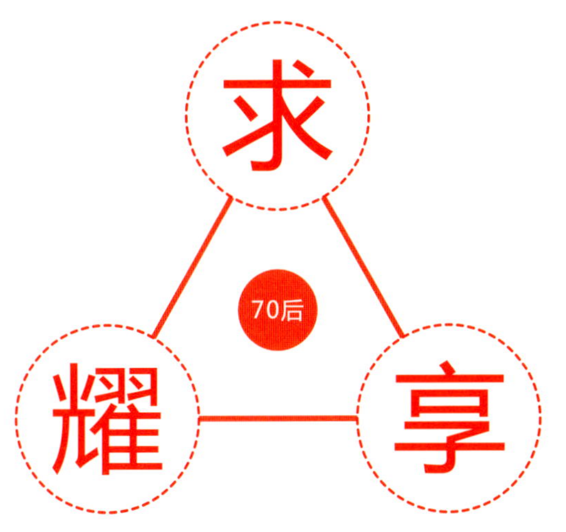

希望自己现在的生活状态

受到别人的赞赏。

同时，也希望周围的信息帮助

自己提高生活阅历的水准。

通过与他人的相互影响而取得伸张的欲求

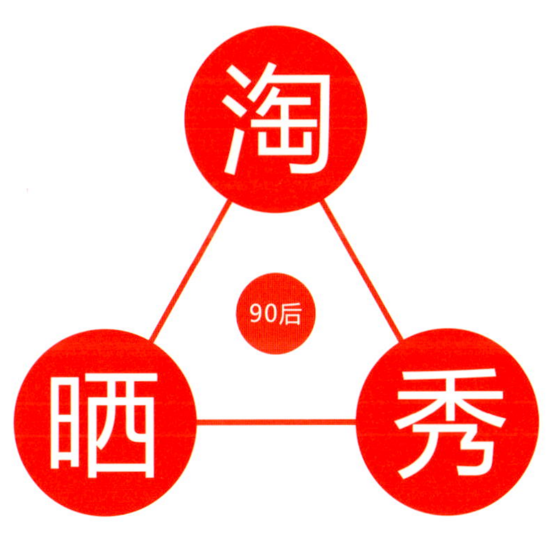

通过自身的材料博得共鸣，

拉近和价值观相仿的人的关系

并产生互动。

从中扩大自己的存在价值。

年轻人的欲求关键词

“通过自身的材料博得共鸣，拉近和价值观相仿的人的关系，并产生互动。从中扩大自己的存在价值”。这样的年轻人的欲求用一个词来概括的话，我们将它命名为：“创漩”(创造漩涡)。

这是一个年轻人在表现自我的同时，希望带动周围，扩展自身存在价值的行为和意识的代名词。

如上所述，“创漩”里包含了两种原动力。其一是“提升自我存在价值之力”，其二是“感染和凝聚他人之力”。这两种力量结合起来，就会形成一个螺旋状的漩涡。就这个年轻人创造的漩涡的运动方向而言，在横轴上它是沿着螺旋状的方向向外扩展，而在纵轴上它又是朝各个方向在不断上升的。

另一方面，我们将在上几代人中发现的“通过与他人竞争，力争上游的欲求”命名为“攀升”(攀比提升)。我们认为，作为“年轻人”的一个总体欲求方向，已经从“攀升”转变成“创漩”了。

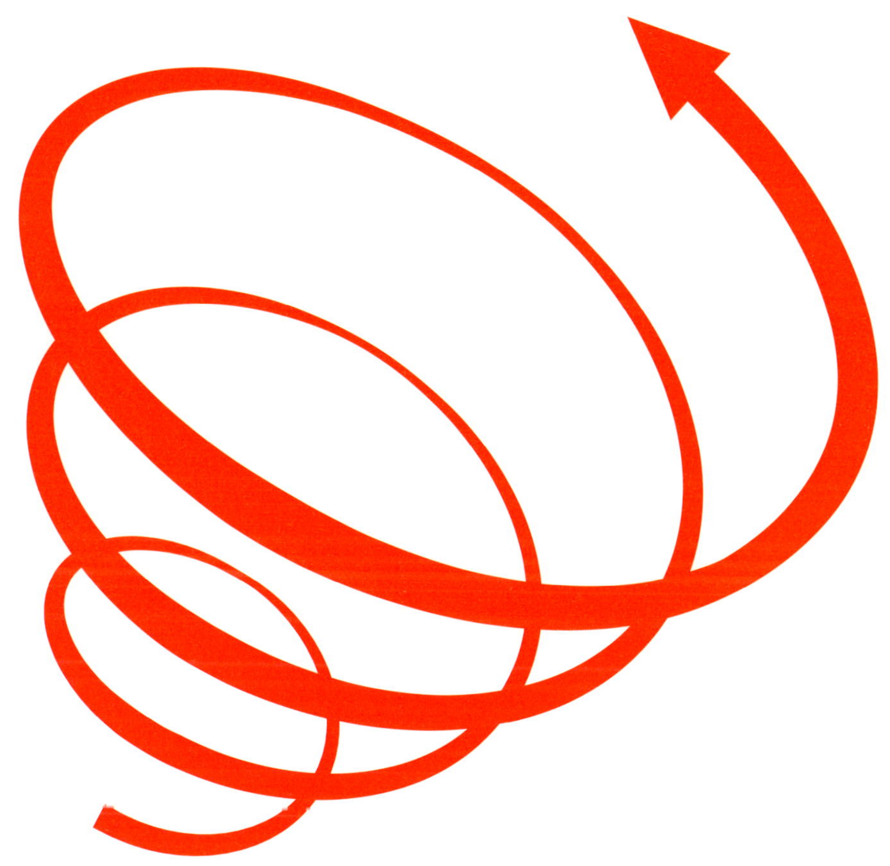

"创漩"

“创漩”的现状和展望

现实中到底有多少人进行着“创漩”？创造漩涡的前提是先需要在“自我表现”中“投入自身的材料”。换句话说，这是成为“创漩”起点的动作。

右上图是对于“最近您是否在网站上分享过可以突出自我个性的事物、行为或观点”这一提问的调查结果。就给予肯定回答的比例而言，与70后的36%相比，80后超过了半数(54%)，90后则有63%之多。在年轻人群中的高百分比，也告诉了我们有更多的年轻人投身到了“创漩”中。

那么，“创漩”的未来动向又会是怎样的呢？右下图是对于“您今后是否打算(继续)在网站上分享可以突出自我个性的事物、行为或观点”这一提问的调查结果。抱肯定想法的人的比例，无论是70后、80后还是90后，都有了很大的提升——70后将近一半，80后超过半数，90后则超过了7成。

“创漩”在不久的将来，可能会成为不仅仅局限于年轻人，而是会同时发生在各年龄层中的，推动社会发展的主潮流。

目前有在“自我表现”的人

提问：最近您是否在网站上分享过可以突出自我个性的事物、行为或观点？

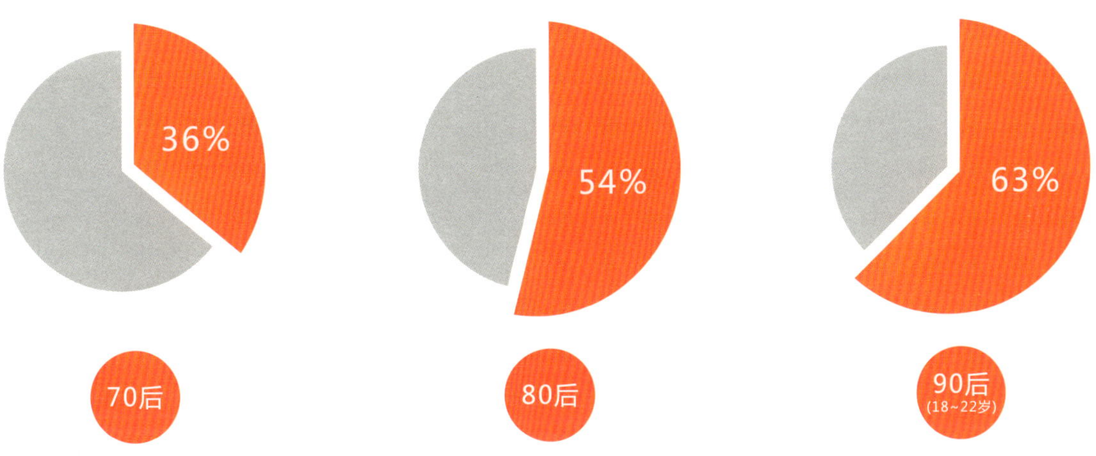

今后打算进行“自我表现”的人

提问：今后是否打算(继续)在网站上分享可以突出自我个性的事物、行为或观点？

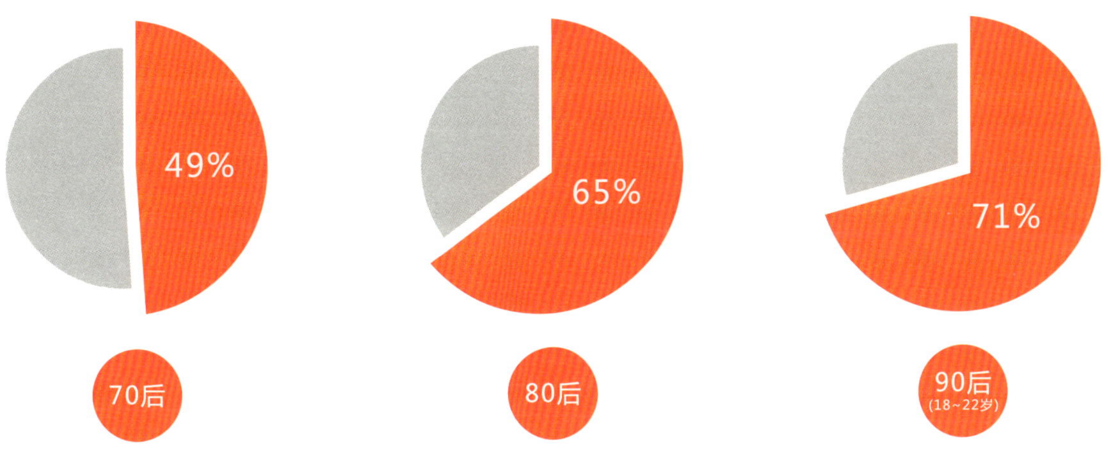

出处：“年轻人意识行为变化的调查”

Column1

"生活者发想"

消费者 < "生活者"

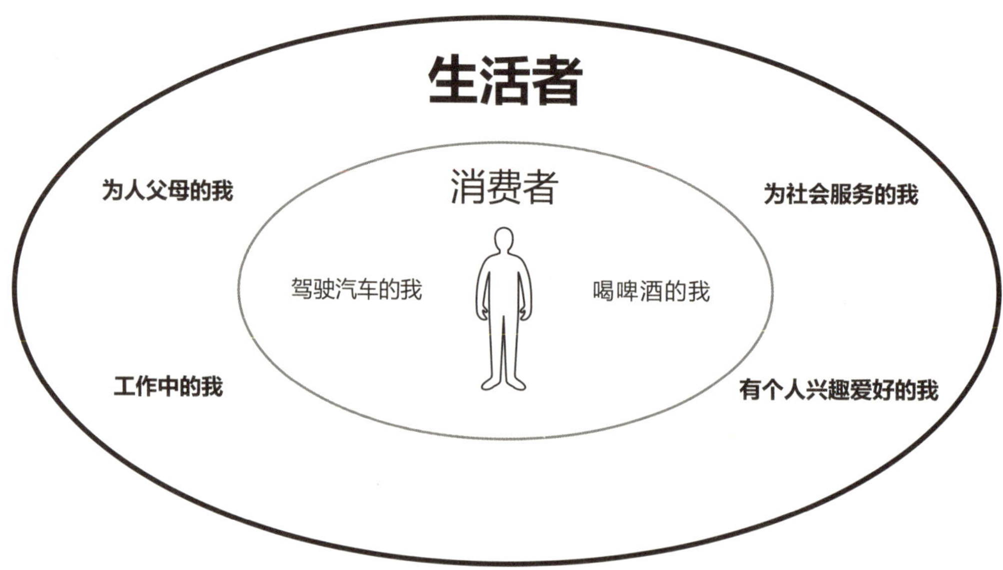

企业一般会把人们定义为自己公司的产品用户或顾客，例如"XX用户"、"XX购买者"，在社会上一般统称其为"消费者"。但是，如果我们只把人当做"消费者"来看待的话，是看不到这个人的全貌的。我们在成为消费者之前，首先是家庭的一员、工作单位的一员、居住小区的一员，或许也是某个兴趣爱好团体的成员，是有着多重角色的人物，是在"多层面的生活中存在"的"生活者"。"生活者"是将人们定义为"创造生活的主体、并在其中进行消费的人"，而不是单纯的"利用商品和服务的接受方"。

全方位地看待人，而不是局限于作为消费者的单一的侧面时，就会看到此前看似毫不相关的人的行为背后的"最根本的欲求和价值观"。所谓"生活者发想"，就是要通过挖掘出这些根本的欲求和价值观，从而解读并描绘出未来的生活情景。"发想"源于日文，意为"想出事物，获得新的想法和好的主意"。换句话说，是要以映入眼帘的景象为线索，去反复思考"大家是否都在向往这样的事？"，再来讨论"如果是这样的话，未来的生活应该是这个样子的吧？"的未来发展趋势，以此来表达看不见的无形的东西。

INSIGHTOUT®

生活者研究方法

看得见的现象

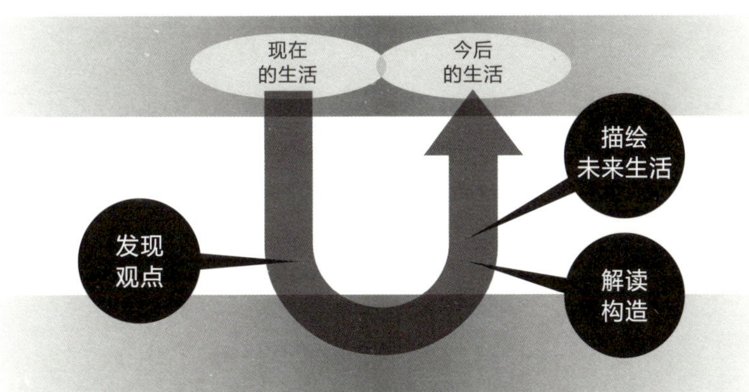

看不见的本质

生活者发想，不是“多眺望人们的行动”就能够做到的。关键在于如何观察。世间万物，有些是“看得见的”，有些则“看不见”。“看得见的”是在生活者身上发生的事情和现象，如商品的销量、有人气的场所、成为人们话题的娱乐活动等等。然而，推动这些事情和现象发生的人们的潜在欲求，就好像是随着时代的变化而高低起伏的“波动”，是看不见的部分。而正是这些肉眼看不见的部分，可以描绘出我们未来生活的样子。

我们把这种“将无形的东西表现出来”的方法命名为“INSIGHT**OUT**®”。利用新观点来解读隐藏在深处的构造称之为“INSIGHT”，再从构造出发将未来的生活动力表现出来的过程称为“**OUT**”，二者合一即为“INSIGHT**OUT**®”。

INSIGHT**OUT**®是将生活的起源用“看得见的表层”和“看不见的本质”的上下两层来理解，又将这两层间的关联性用力学结构描绘出来。从看得见的表层潜入欲求的根部找到其本质，从而将生活者的新世界表现出来，这样一种“U型思考”的展开方式就是INSIGHT**OUT**®。

这本书的研究也遵循了INSIGHT**OUT**®方法。

分述

年轻人的新行为变化

1. “寻找行为”的变化

明明两个人一起在咖啡厅，却各自玩着手机。

从年轻人平时无意的、时常被忽略的行为中，我们总能获得些许发现。

例如，经常可以看到来咖啡厅喝咖啡的情侣或朋友总是沉默着玩弄各自的手机。当然他们并不是完全没有交谈的，而是一边在聊天，一边喝着饮料或吃着甜点，同时又在摆弄着手机。而手机画面所显示的则是短信、微博或者网页等。

根据最新的调查结果来看，90后使用手机上网的时间为平均每天104分钟。与70后平均每天上网90分钟相比，约是其1.2倍。

如果我们将一直以来的"寻找行为"假定为"确定某个目标，在短时间内获取详细信息"这一行动的话，年轻人的"寻找行为"则似乎可以被认为是"无论何时，都在悠闲地获取各种广泛的信息"。

用手机上网的时间(平均每天)

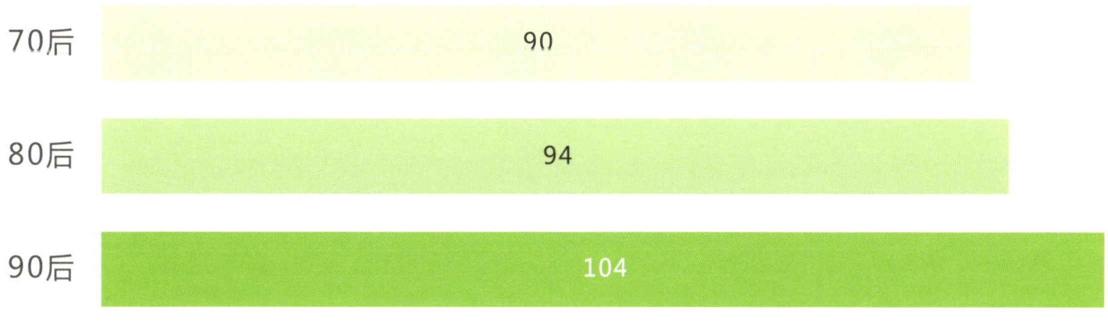

单位：分钟

出处：艾瑞咨询2012年7月调查结果 (样本数：10,000人)

沉迷于网络购物，大量的商品被快递进办公室。

公司的前台，变成了大量物品的接收提取处……

这样的景象，在公司里已不足为奇了吧？

从调查结果来看，80后90后的年轻人中有半数以上，每周会花2～3天或更多的时间来浏览购物网站。而从不浏览购物网站的人仅占1成左右。对年轻人来说，网络购物已经成为生活中必不可少的一部分。

顺便说一下，在日本每周花2～3天或更多的时间来浏览购物网站的人仅接近1成。

可见，中国的生活者对于网络购物的依赖程度较高。

购物网站的浏览频率

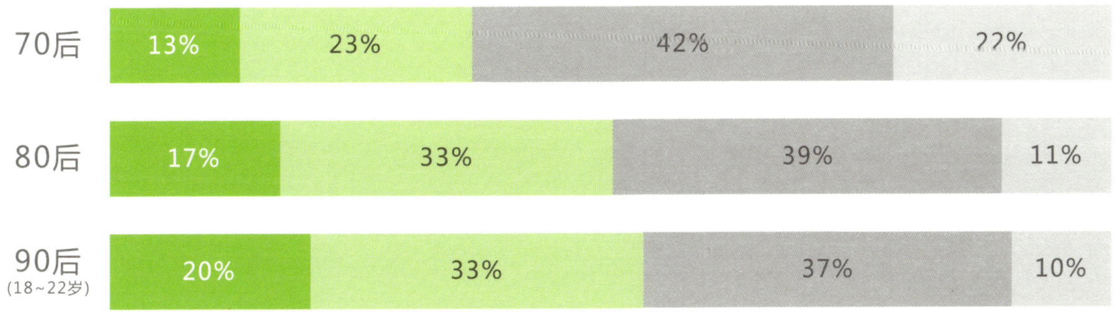

出处："年轻人意识行为变化的调查"

出处：(日本)MKD研究所调查(2012年)

即使没有明确的购物方向，也依旧在寻找着什么。

年轻人每周要花2~3天的时间浏览购物网站，那么即使没有具体"想买"的东西，是否也要浏览购物网站呢？抱着这样的想法，我们通过定量调查询问了以下几个问题。

"请问您在没有明确购物方向的时候，也会广泛地寻找相关信息吗？还是不会花时间去寻找呢？"

右图就是将70后、80后、90后各自的调查数据进行比较后的结果。相比70后的5成，90后中有6成的人表示"即使没有明确的购物方向，仍会广泛地寻找相关信息"。

可见，90后的年轻人即使在没有明确目标的时候，似乎仍有广泛寻找相关信息的倾向。

购物时的寻找方式

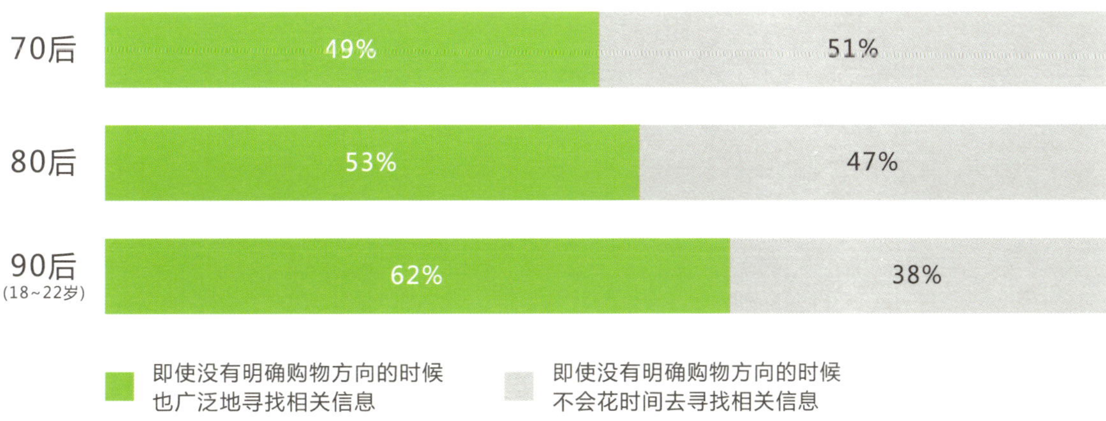

出处："年轻人意识行为变化的调查"

“寻找行为”的变化

去旅行时，除了当地标志性景点的信息，也会广泛搜索自己感兴趣的信息。

此外，我们也试着询问了这样的问题。

“请问您在收集旅游信息时，会花时间广泛搜索自己感兴趣的信息吗？或者只搜索当地标志性景点的信息？”

从这个问题的回答中也可以看出70后与90后的区别。70后在去旅游时，会倾向于搜索当地的标志性景点。而与此相比，90后则更倾向于在出发之前就广泛收集自己感兴趣的信息。他们不会只因为去了名胜古迹就感到满足，而是会与自己的兴趣相结合，制定出自己独特的旅游计划。

※ 喜欢的外国偶像常去的当地的店里，以该偶像的名字命名的套餐。

去旅行时收集的信息

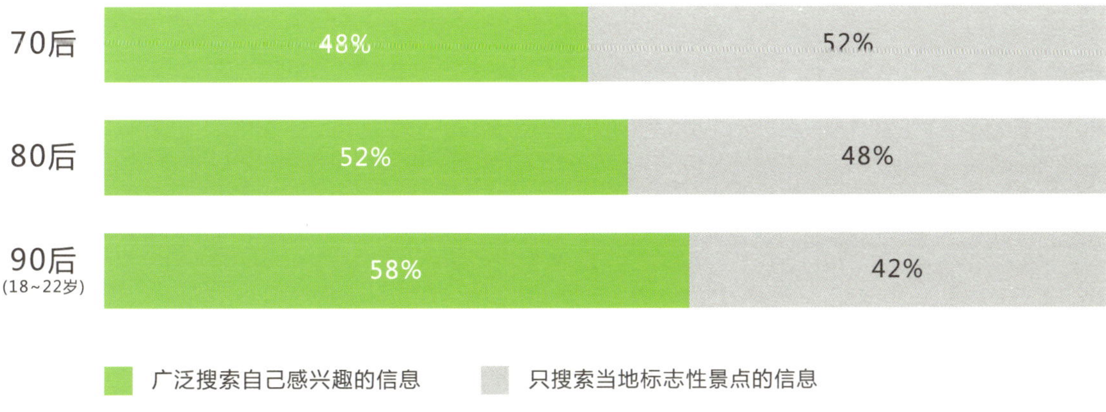

出处："年轻人意识行为变化的调查"

“寻找行为”的变化

以上几个就是有关“寻找行为”变化的代表事例。

上一代的生活者会寻找“有名的”、“广受好评的”那些“大多数人所认同的东西”。此外，他们的寻找方式也是直接询问专业人士等这种“高效”的方法。而以90后为代表的年轻人则更倾向于随时随地广泛地寻找自己感兴趣的东西。

或许对他们来说，寻找的过程本身就是一种乐趣。“寻找行为”的变化，用一句话来说，就是“从‘求’到‘淘’”。相对于“求”的“追求寻觅”，“淘”则蕴含了“寻宝”的含义。

“寻找行为”正发生转变

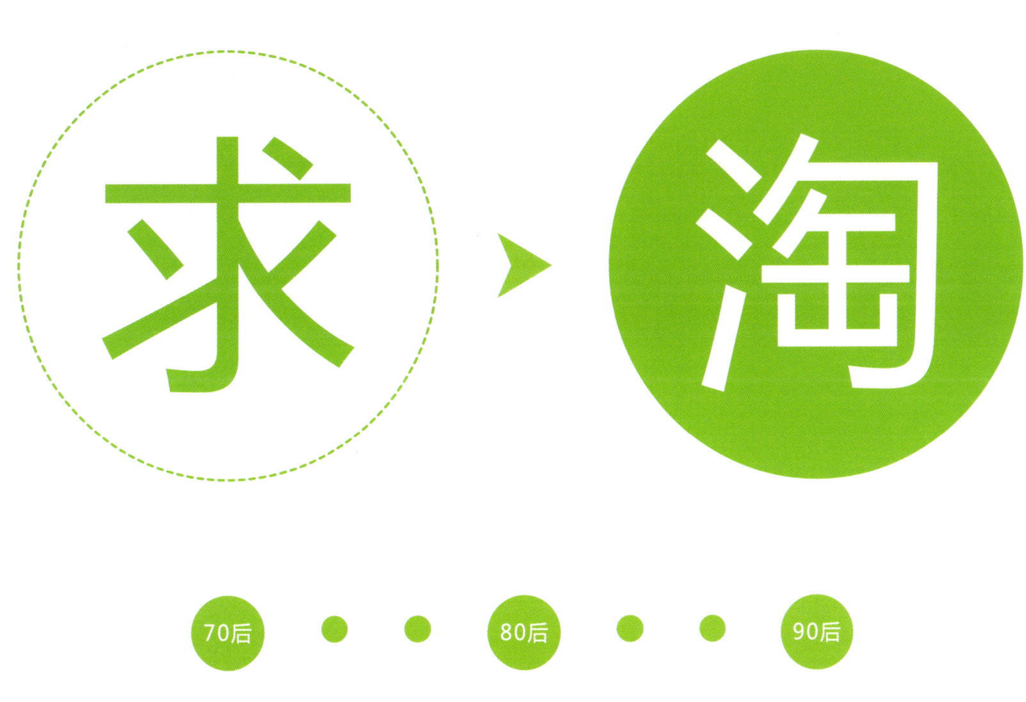

倾向于高效地寻找
大多数人所认同的东西。

倾向于随时随地广泛地
寻找自己感兴趣的东西。

2. "自我表现行为"的变化

“自我表现行为”的变化

在身体上纹身。

最近走在大街上，常常会看到写着英文“TATTOO”的招牌，就好像现实生活中有纹身的年轻人也在增多一样。

在这次的定量调查中，我们发现80后和90后中都有近1成的人回答了身上有纹身，这一比例是日本同年龄层的3~4倍。

通过这次调查的几次访谈，我们发现新一代年轻人对于纹身的看法已经不同于以往了。因为现在的网络或电视上常常能看到一些国外运动员或表演艺术家们的纹身风景，而这些人又大都是年轻人心目中的个性派偶像明星。受此影响，年轻人也渐渐形成了“纹身可以彰显个性、纹身也是一种时尚的自我主张工具”的看法。

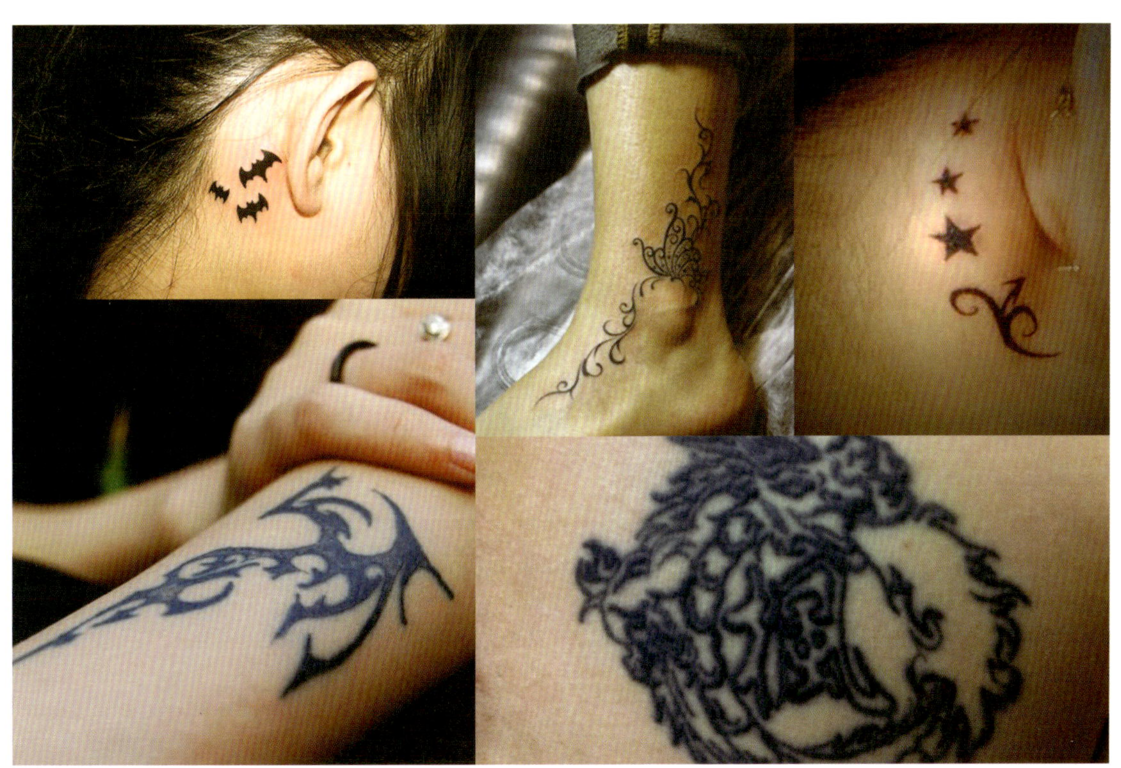

身上有纹身

中国

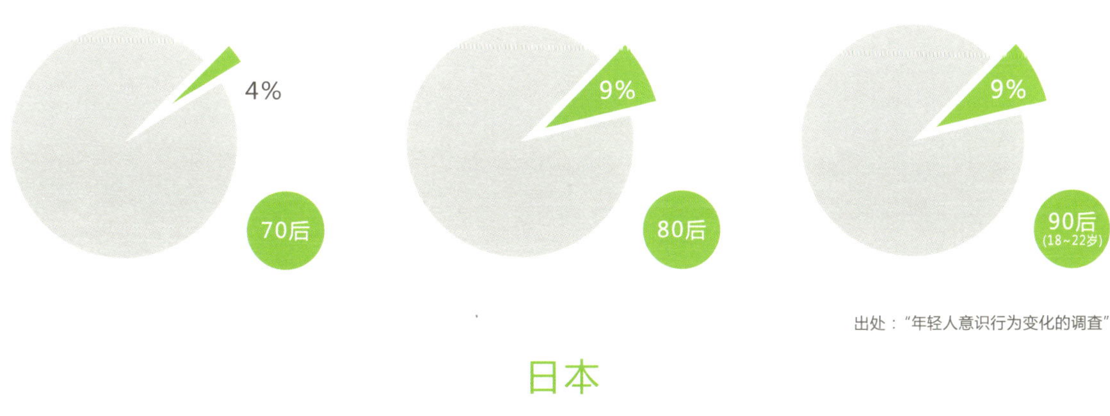

出处："年轻人意识行为变化的调查"

日本

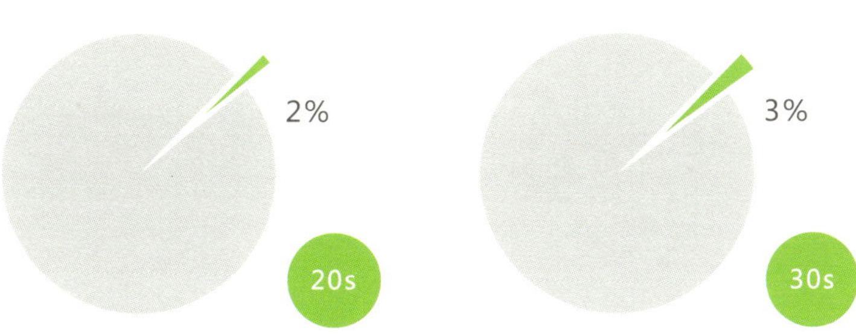

出处：(日本)Huma Group调查 (样本数：1,229人)

“自我表现行为”的变化

将自己的照片编辑后传到网上。

在除了数码相机，甚至连自带拍照功能的手机也几乎“人手一台”的今天，要将拍摄的照片传到网上简直轻而易举。

然而，年轻人并不单单是将照片上传网络这么简单，而是常常将“自己的照片”经过“编辑美化”后上传。即使在SNS上也有很多这样的照片。事实上，在我们访问过的数十位普通年轻人当中，有很多提到手机里装有照片编辑软件，也编辑过自己的照片。

此外，从定量调查的结果来看，年轻人中有超过半数的人回答“平时会使用照片编辑软件”。

平时会使用照片编辑软件

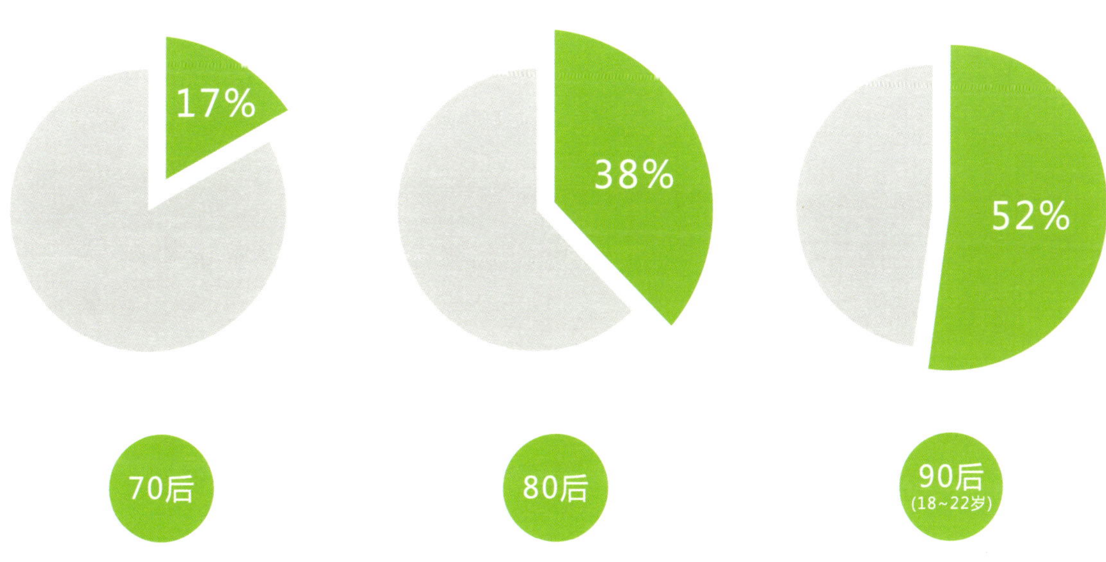

出处："年轻人意识行为变化的调查"

“自我表现行为”的变化

不会直接使用买来的东西，而是做一些个性化装饰或加工。

年轻人喜欢加工，并且不仅仅局限于照片，而是在实际的生活中，对身边各种各样的东西进行加工。

具有典型代表性的就是手机。如果看一下年轻人的手机，就会发现他们在个性化的手机壳上又贴了层贴纸，或者粘了水钻，非常努力地在表现自我个性。

此外，我们也去了一些年轻人家里做访问，他们的衣橱里有配搭着各种首饰的衣服或鞋子，连房间本身也会根据自己的兴趣进行装饰。同时定量调查的结果也显示，年轻人更倾向于“对买来的东西进行加工后再使用”。

对买来的东西进行加工后再使用，还是不加工直接使用？

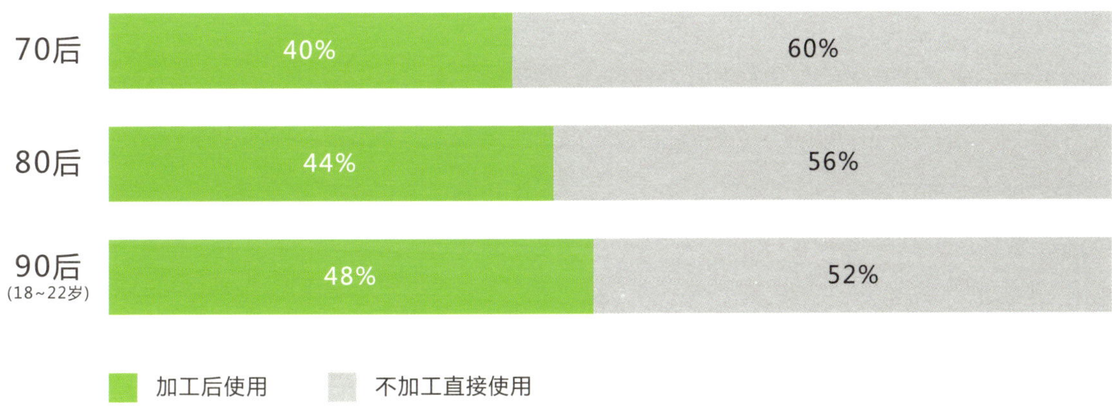

出处："年轻人意识行为变化的调查"

“自我表现行为”的变化

在网络上以原有素材的二次创作为娱乐。

2012年，“杜甫很忙”的恶搞图片在网络上爆红，相信很多人对这件事都印象深刻。杜甫的画像被涂鸦成各种形象，在微博及SNS上疯传。

其他从诸如“江南Style”以及“航母style”之类的流行中也能看出，“二次加工”这个行为，对年轻人来说是积极表现自我的方法之一。正如先前所看到的那样，他们不仅仅在实际生活中去加工或装饰各种各样的事物，同样地也会在网络上自娱自乐。可以说这也是当下年轻人的一个特点。

※ 百度百科“杜甫很忙”词语检索、
(URL：http://baike.baidu.com/view/8200556.htm　信息获取日：2013.04.12)

“自我表现行为”的变化

在身上纹身，对事物或信息进行编辑和加工。这些都是“自我表现行为”发生变化的一方面。上一代的“自我表现”是以购买“名牌”为代表的，即利用“购买的东西本身”来表现自我。而从年轻人的行为来看，他们并不是利用“事物本身”，而是通过“怎样使用该事物”，也就是说，通过“加工/编辑的方法”来表现自我。

“自我表现”的变化，用一句话来说，就是“从‘享’到‘秀’”。相对于“享”的“原封不动地受用”，“秀”则蕴含了“展现自我个性”的意思。

"自我表现行为"正发生转变

将买来的东西直接使用，
倾向于用现有事物来表现自我。

将事物进行个性化加工，
倾向于用加工的方式来表现自我。

3. “信息传递行为”的变化

"信息传递行为"的变化

频繁地使用微博。

要谈论年轻人，势必要谈到微博的存在及其影响。

右图就是通过定量调查获得的关于年轻人微博使用频率的结果。

70后和90后的明显差异在于，每天使用微博的比例。相比70后的仅2成比例，90后中则有半数左右的人每天都在使用微博。

而从日本的年轻人使用Twitter的频率来看，十几岁的年轻人中仅有3成左右在使用，其中每天使用的人只占14%。可见，中国的年轻人"使用微博的频率"明显更高。

微博使用频率

中国

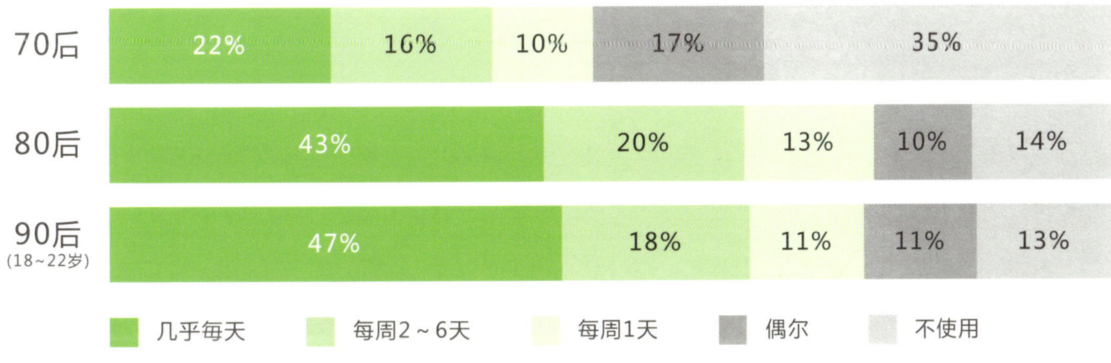

出处：“年轻人意识行为变化的调查”

日本(Twitter)

出处：(日本)博报堂DYMP媒体定点调查(2011)

“信息传递行为”的变化

将自拍照或平时的生活照上传微博。

半数左右的年轻人会每天使用微博。

那么他们又会在微博上发点什么呢？比较了70后和90后所发的内容之后，我们发现90后中“上传自拍照”的人较多。有4成的90后会摆好姿势，并将加工后的自拍照上传微博。而70后中将自拍照上传的比例还不到90后的一半。即使上传照片，他们也大多会戴着墨镜，尽量不暴露自己的原样。这是与90后不同风格的“自拍照”。

其他的照片也是如此，相比70后会上传一些旅游或节假日等“特殊日子”的风景而言，90后则更多地倾向于分享平时的日常生活。

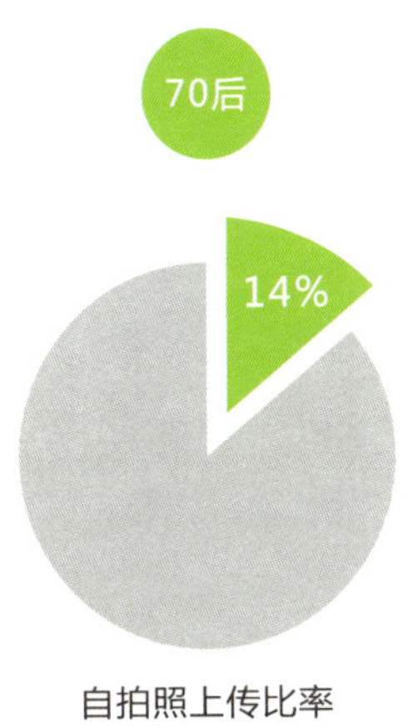

自拍照上传比率

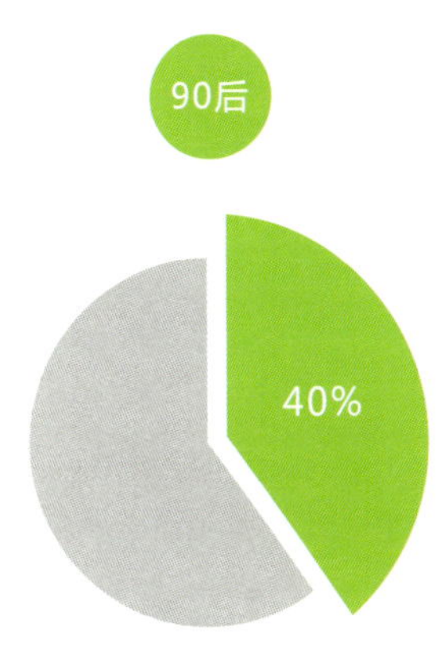

自拍照上传比率

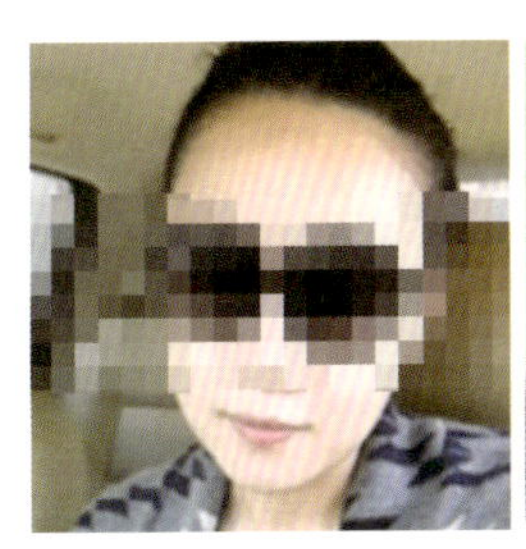

会有意识地选择一些漂亮的场所、
有档次的体验来分享。

除了一些漂亮的场所，
也会将日常生活的场景不加修饰地
上传微博。

出处：“微博内容的分析调查”

“信息传递行为”的变化

分享微小说、微电影。

所谓的微小说、微电影，大概是指在网络平台上播放的，能在1分钟内看完的短篇小说或短片。

它是2010年左右开始出现的一种表现手法，最初在部分热爱新兴文学形式的网友中受到追捧，最近则有越来越多的“普通大众”开始在网络上踊跃投稿。

根据我们的调查结果显示，90后中有接近4成的人曾上传过微小说、微电影。

年轻人并不仅仅是单一的信息接受者，他们也会将自己的想法转化成作品，传播给大家。

※ 某90后的微电影截图。

是否曾上传过微小说、微电影

< 曾上传过微小说 >

< 曾上传过微电影 >

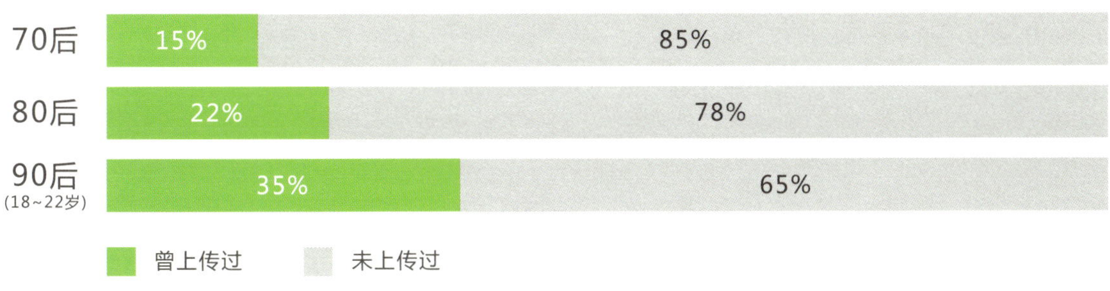

出处："年轻人意识行为变化的调查"

"信息传递行为"的变化

这一章节中，针对年轻人"信息传递行为"上的变化，我们重点考察了他们在微博上的行为变化。即使是发生在自己周围或与自身相关的事情，上一代的生活者也是倾向于有选择性地分享特别想让人知道，或引以为傲的信息。而年轻人则更倾向于分享自己当下的状态及心情，甚至一些无关紧要的日常琐事。就好像将"完整的自己"晒了出来一样。也可以说是将"不加任何修饰的自我"传达了出来。

"信息传递"上的行为变化，即从"耀"到"晒"。相对于"耀"所具有的"将引以为傲的事情展现出来"，"晒"则包含了英语"share(分享)"的意思。

“信息传递行为”正发生转变

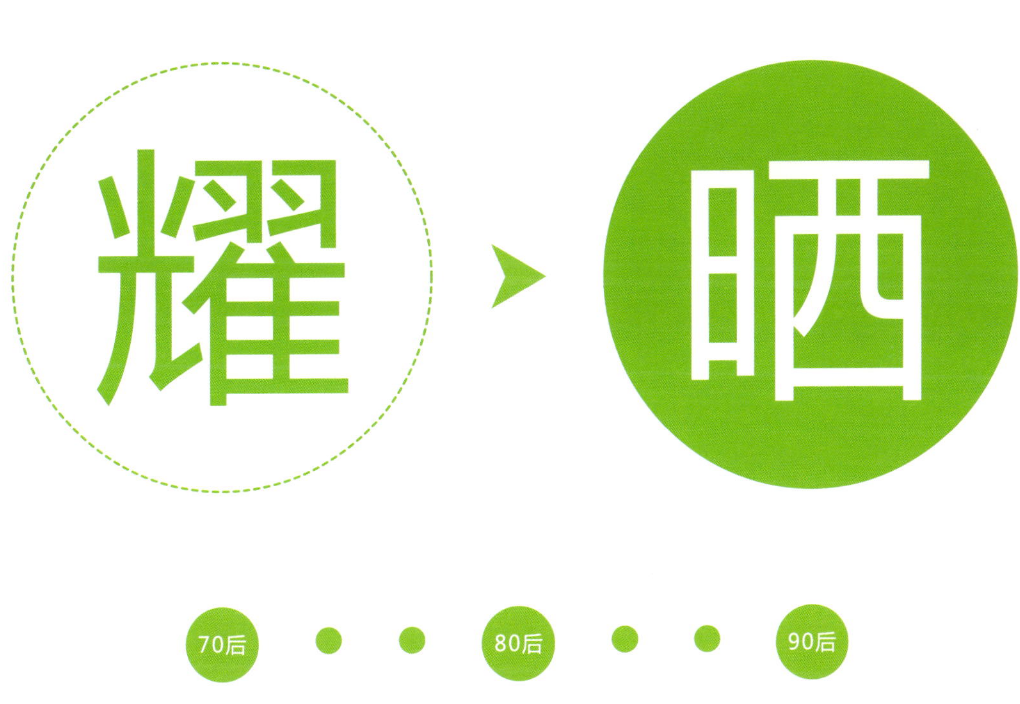

买来的东西或吃过的东西，
去过的地方等等。
倾向于分享引以为傲的
“经验”或“生活方式”。

自己的外表或心情，
日常生活的琐事等。
倾向于分享自己
特有的“风格”。

"年轻人的三个行为变化"小结

以上，我们分别就"寻找行为"、"自我表现行为"、"信息传递行为"这3个年轻人的代表性行为做了深入考察。

"寻找行为"的变化，其关键词是从"求"到"淘"，相对于目标明确的70后，90后并没有特定的目标，只要自己感兴趣，就会广泛地寻找并探究。

其次，"自我表现行为"的变化，其关键词是从"享"到"秀"，相对于70后将现有的东西原封不动地拿来使用，90后则会对其进行加工或装饰，以此来展现自我个性。

最后，"信息传递行为"上的变化，其关键词是从"耀"到"晒"。相对于70后喜欢分享引以为傲的内容，90后则更热衷与他人分享自己原本的状态，并以此来加深与他人之间的联系。

从70后到80后、90后，这些转变越来越明显。

① "寻找行为"的变化

② "自我表现行为"的变化

③ "信息传递行为"的变化

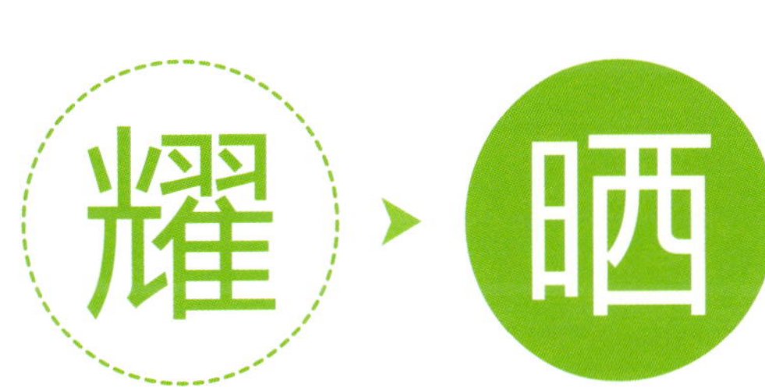

Column3

从博报堂Global HABIT看中国年轻人的特征

博报堂从2000年开始就在全世界30个以上的城市实施生活者调查。在中国，该调查是每年以北京、上海、广州的15~54岁男女为对象开展的。
这里举例介绍一下有别于其他国家的，中国年轻人的特征。

■ 在中国，认为自己是世界主角的年轻人超过半数。

与日本相比，认为自己是主角的中国年轻人非常多。事实也的确如此。
不管是新的流行语的诞生、还是"小清新"等全新生活方式的产生，这些都印证了中国年轻人的巨大影响力。

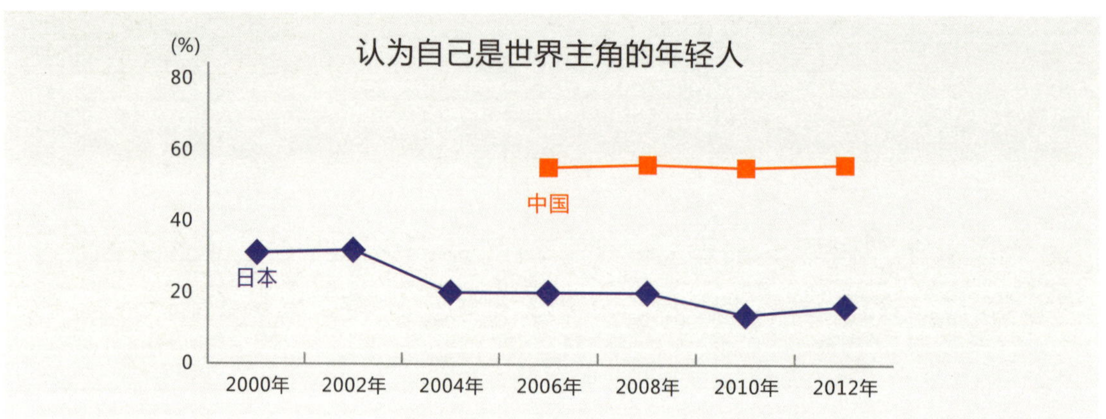

出处："博报堂Global HABIT" 2012年(15~19岁男女)

■ 中国年轻人在"通信"上的花费更多。

"晒"是年轻人的行为特征之一，与其他国家相比，中国的年轻人在"通信"上的花费更多。可见，通过网络、电话等进行交流已是中国年轻人日常生活中不可缺少的一部分。

日常开销大的项目(前5项)

	中国(北京·上海·广州)		日本(东京·大阪·名古屋)		美国(纽约)	
1	通信	76.0%	兴趣	37.2%	平时吃饭	71.0%
2	外出吃饭	72.5%	外出穿着	31.9%	外出吃饭	63.7%
3	平时吃饭	64.8%	外出吃饭	29.0%	交际(包括饮食)	63.7%
4	日常穿着	64.8%	交际(包括饮食)	26.5%	兴趣	63.7%
5	外出穿着	58.2%	平时吃饭	24.6%	日常穿着	62.9%

出处："博报堂Global HABIT" 2012年(15~24岁男女)※纽约的数据为2010年

Column4

二三线城市年轻人的“创漩”现状

本次报告是以1线城市的年轻人为中心的，那么地方城市的年轻人又是怎样的呢？
我们也调查了2、3线城市(33个城市)里年轻人的“创漩”现状。

■ 即使在地方城市，年轻人也在“创漩”。

调查显示，即使在地方城市，也有约半数(46%)的90后会分享“可以表现自我的内容”。

顺便说一下，对于“今后是否也会继续分享”的提问，55%的90后表示会继续分享。

可见，即使在地方城市，以年轻人为中心的“创漩”行为，也有逐渐扩大的可能。

以“创漩”为起点进行“自我表现”的人

问题：请问您最近有在网站上分享过可以突出自我个性的事物、行为或观点吗？

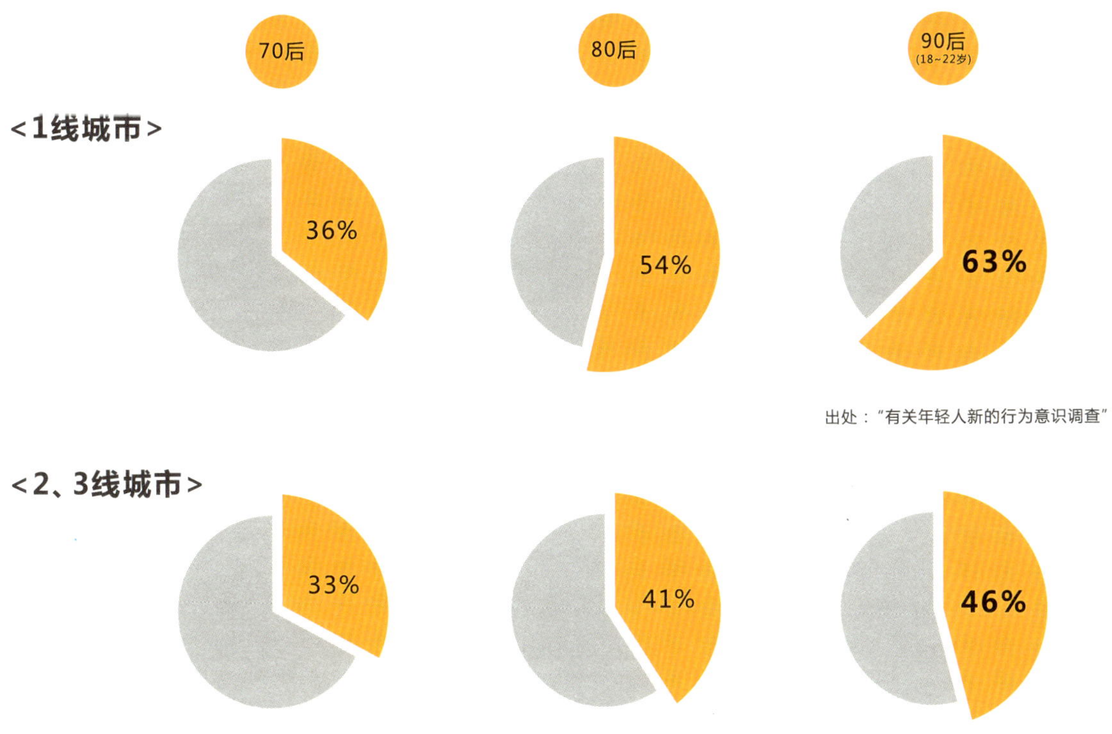

分述

年轻人行为背后的欲求洞察

70后的欲求洞察

在探究年轻人之前，我们还是先来看看属于70后的几个代表性行为“求、享、耀”吧。

我们采访了几位70后的代表，听他们分别讲述了各自的行为理由。

结果发现，他们的谈话中出现频率较高的，要么是“高级”、“自豪”等带有等级色彩的词，要么是“身份”、“社会地位”等含有竞争色彩的表达。而通常，这些表达方式的背后都潜藏着一种“想要高人一等”的心理欲求。

另外值得一提的是，当被问及“寻找行为(求)”和“自我表现(享)”时，他们的回应多少都流露出了“不想走弯路，只想快速直达目的地”的讯息。

综上所述，70后的一切行为模式都呈现出追求“直线上升”的特征，究其原因，归根结底还在于他们有一颗“渴望高人一等”的心。

“求、享、耀”的理由

收集旅行情报

旅行的话，我基本上是
甩手掌柜，自己是
不会特地去查什么啦。

(70后女性)

耀

微博节选

每次去**高级**餐厅，品尝**珍稀美味**
之后我都会发一下微博。
有一种自豪感油然而生。

(70后女性)

品牌选择的理由

尽量选择与自己
身份相符合的品牌。
我认为自己所拥有的物品和穿着
是可以**显示自己的社会地位**的。

(70后男性)

出处：“70后 · 80后 · 90后家庭访问调查”

70后的欲求关键词

70后欲求的中心思想，似乎可以用"攀升"一词表达。"攀升"意味着攀比提升，也可解释为在与他人的竞争中胜出的意思。

在物质匮乏的年代里成长起来的70后，是追求高人一等的一代，也是习惯竞争并力图胜出的一代。他们通常习惯于向周围展示自己的努力成果，比如说"购置了豪宅"、"出国旅游啦"之类的，从而获得他人的肯定和赞美，得到心理上的愉悦和满足。另外，他们通常也会比较在意他人的成功。他们会比较，会受刺激，然后化刺激为动力，更加奋发向上。

当我们把70后的欲求层层解构开来之后，我们会发现，在70后的世界里，充满了类似"胜与败"、"浮与沉"、"领先与落后"等饱含竞争色彩的词语。

“攀升”

通过展示现有的生活面貌来赢取他人的肯定和赞美。

另一方面，也在积极收集周边信息，

希望以此为动力来提升自己生活的经验值。

从竞争中胜出，向上发展的欲求

那么，90后呢？

90后的欲求洞察

淘 为何他(她)们总是在随时随地地寻找？

上海90后
大学3年级
女生

为何她可以为了收集美食情报，每天深夜零点刷网？

某上海女大学生，是周边朋友公认的“美食通”，她本人对此也颇为得意。据她本人所说，自己原本就是“吃货”，也经常上网查看一些美食情报。不过最近变本加厉了，基本上每天在深夜零点去刷餐厅网页，只为了能同步跟进最新的信息。

如此热情高涨的举动，大概是她那种渴望提高自己的“美食家”水平，从而提升自我价值的信念所致吧。

上海90后
大学4年级
男生

为何他可以为了一双球鞋，彻夜不眠排队抢购？

他的爱好是收集球鞋。据说为了买到当季新品和限量版，经常通宵排队抢购。据他本人所说，虽然自己原来就很喜欢球鞋，但真正对收藏产生狂热兴趣并付诸行动，还是在跟其他城市的球鞋迷们交流受了刺激以后。

也许，在他内心深处是有在球鞋迷这个专业圈中占有一席之地的渴望的吧。

北京90后
大学3年级
男生

为何他可以为了鸡尾酒，计划上培训班进修？

某北京大学生热爱调制鸡尾酒。据说一开始只是喜欢不同的酒味而已，不知不觉地现在已经开始被周围人称为“洋酒通”了。也因此，他觉得自己对鸡尾酒是更加热情高涨了，不仅开始在酒吧打工，还计划去上专业的培训班进一步进修。

究其心理动机，大概不仅仅是因为找到了兴趣所在，更重要的是获得了被称作“洋酒通”的认可吧。

当我们采访几位90后，问及他们“淘”的理由时，他们几乎异口同声地回答：
“因为被人叫作XX通，觉得很高兴啊。”可见在他们的心中，不仅希望得到朋友、同好者的共鸣，其实更渴望获得更多人的赞同。

寻找个性的社会认同，
同时也希望提升自我价值。

这大概就是“淘”背后的深层心理动机吧。

出处："70后·80后·90后家庭访问调查"

90后的欲求洞察

秀 为何他(她)们如此热衷于成品加工？

上海90后
旅行社职员

为何她如此热衷于手机壳的手工制作？

她目前正热衷于用珠子和水钻等制作手机壳。据她本人所说，起初只是尝试着做了几个送给朋友，没想到大获好评。之后就开始迷恋上了，一发不可收拾地做了很多各式各样的。或许她迷恋的并不是手机壳的制作，而是迷恋那种被人群包围的感觉吧。

上海90后
大学2年级
男生

为何他如此热衷于从螺丝开始组装自行车？

他声称这个爱好的灵感来自一个朋友，这个朋友只用一台自行车就环游了整个西藏。深受此壮举刺激的他于是开始了自己的自行车组装事业。先选好零部件，再从螺丝开始组装。"所有的一切都可以根据自己的喜好调整，最终成功组装出一台"自己原创的"作品是多么令人高兴的事啊。"他眼里闪着喜悦的光芒说道。

北京90后
大学2年级
女生

为何她如此热衷于服装加工和室内装饰？

她说自己不喜欢穿跟别人一样的衣服，每次买来新衣服都要自己加工过后才会上身。裁掉一部分，或者加一些装饰品，总之把它们变成自己想要的形状。不只是衣服，连房间里的摆设也是如此。她的得意之作是只用了一些镜子和液晶灯就营造出了霓虹般的彩灯效果，她正是那种喜欢追求"只属于自己的"事物的类型吧。

我们同时也问了"秀"的理由。总结下来我们发现回答中多出现"自己原创的"、"只属于自己的"等关键词，突显了他们

渴望强调自我独特存在感的一面。

另外，他们还提到了"自从开始交流原创作品以后，周围的朋友也变多了，觉得很开心"。显然，"秀"的背后，隐藏的是90后

渴望被人群包围，渴望交流的心理动机。

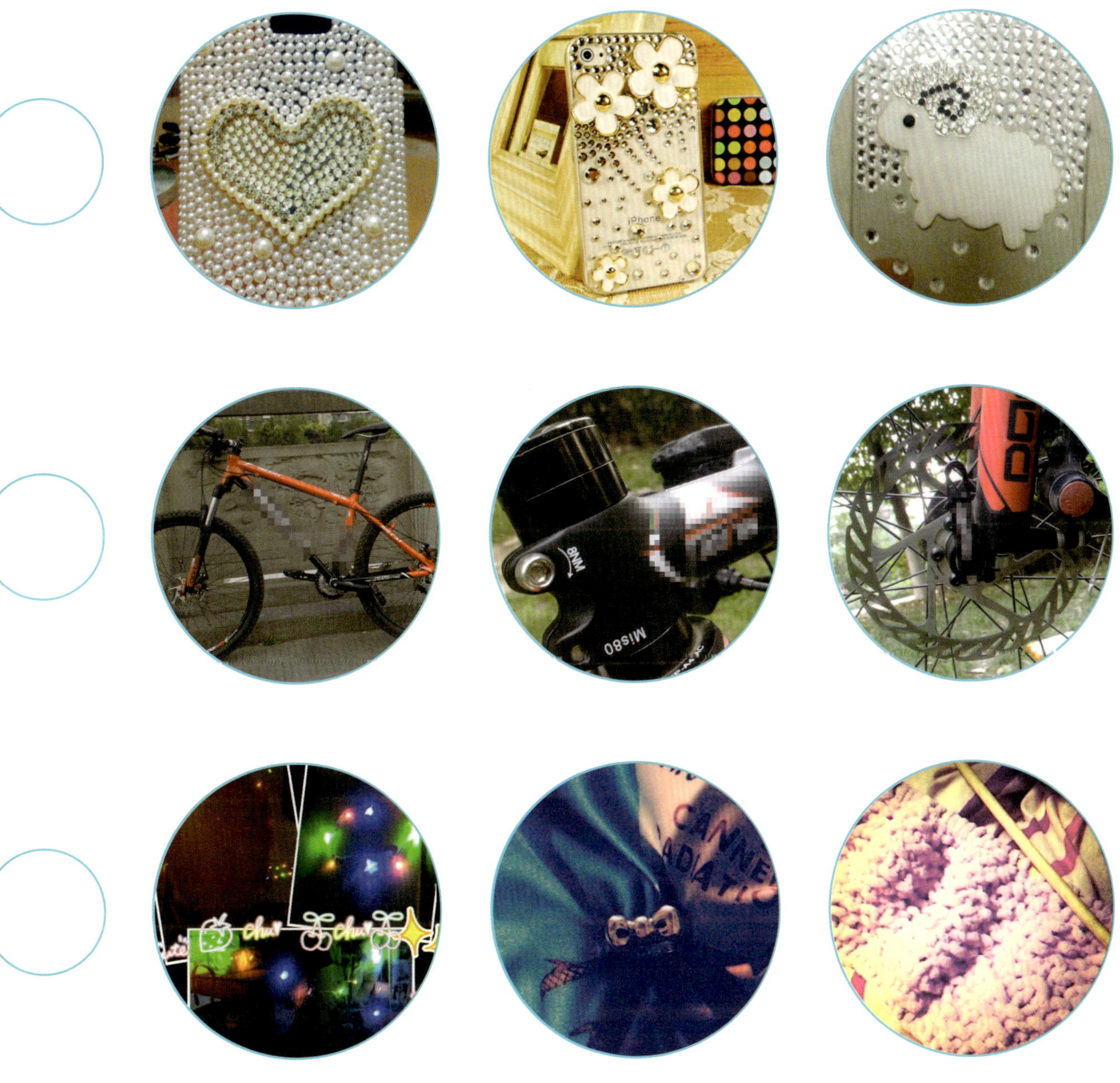

出处："70后·80后·90后家庭访问调查"

90后的欲求洞察

晒 为何他(她)们要"晒"自己的相片或作品？

上海90后护士小姐

▶ 坐拥千张自拍照的她为何要"晒"？

她有一千多张自拍照，其中有关假睫毛的占了绝大多数。她说自己经常会根据当天的心情选取不同的假睫毛来戴，并且拍成照片发布到微博。

像她这种频繁晒自拍照的行为，或许跟她强烈渴望拉近与周边人的距离，渴望被人理解的心理动机有关。

北京90后大学2年级女生

▶ 为何她要晒自己的特长(书法、漫画作品)？

她不仅积极参与各种书法、漫画作品相关的竞赛和展览会，还把一部分作品公开发布在微博上。她说晒作品的一个意想不到的收获是曾经得到过素不相识的书法老师的点评，甚至在自己烦恼的时候都得到过很多鼓励和安慰，实在是觉得很难得很温暖。

广州90后银行女职员

▶ 为何她要晒自己的西点烘焙过程，甚至还在家里举办试尝会？

喜欢西点制作的她，为了确认自己的手艺水平，会经常把自己的作品分享给亲戚试吃，还会不定期地邀请三五好友到家里坐坐，同时举办试尝会。

她说自己在微博上也会晒一些作品的照片，每当看到有人评论的时候就非常开心。

通过听取别人的意见，来提高自己的水平。不仅如此，还可以加强与周边人的紧密联系，的确是一件非常好的事情呢。

为何他们如此热衷于"晒"呢？
频繁地"晒"自拍照的护士小姐在回答这个问题时反复强调自己是因为

"希望得到理解"，

大概是真的非常**渴望得到共鸣**吧。

另外值得一提的是，"晒"作品的人通常都是希望"得到评论或者意见建议"的。总的来说，他们的心理动机都是通过"晒"自己的作品来征求别人的意见建议或者主意点子，从而获取新的灵感刺激。

出处："70后 · 80后 · 90后家庭访问调查"

年轻人行为背后的欲求洞察

90后的3个代表性行为特征"淘、秀、晒"，究其动机，其实都是"想证明自己与众不同"，或是"想要证明自己的独一无二"。在采访90后的过程中，我们还接触到了以下一些类似的说法："想提升自我价值"，"想与人群一直保持某种联系"，"想要有人来关注自己的作品，也想试着成为人群的中心"，"之所以晒自己的作品，是想知道别人的看法和意见，也想刺激一下灵感"等等。如果我们把这些属于时下年轻人的心声稍加总结归纳的话，就会发现它们其实可以分为两大类。一类是"创造自我价值并作进一步提升"，另一类则是"凝聚和自己有共鸣的人而后互相影响并共同成长"。

这些心声说到底，其实就是"渴望投入自身，寻求精神上的共鸣；想感染和凝聚与自己志趣相投的人；与此同时也希望在此过程中能提升自身的存在感"的一种欲求。换句话说，也就是"渴望通过与他人的互动效应来伸张自身欲求"的一种深层心理。

时下年轻人“淘、秀、晒”行为背后的心声。

- “想证明自己与众不同。”
- “想要证明自己是独一无二的，也想要提升自己的独特价值。”
- “想与人群一直保持某种联系。”
- “想要有人来关注自己的作品，也想试着成为人群的中心。”
- “之所以晒自己的作品，
  是想知道别人的看法和意见，也想刺激一下灵感。”

▼

通过与他人的互动效应来伸张自身的欲求。

渴望投入自身，寻求精神上的共鸣。
想感染和凝聚与自己志趣相投的人。
也希望在此过程中能提升自身的存在感。

年轻人的欲求关键词

"渴望投入自身，寻求精神上的共鸣。想感染和凝聚与自己志趣相投的人。与此同时也希望在此过程中能提升自身的存在感"。我们将这种新一代年轻人所特有的欲求用一个关键词概括为"创旋"(创造漩涡)。

这里所谓的漩涡，其实就是年轻人创造的一个第三方空间，它的一个显著的机能在于加强人的自我存在感。这个空间的形成起源于某个年轻人的自我个体与周围人群的互相影响和互相渗透。也就是说，漩涡的源头在于年轻人的"自我表现"行为，亦即他们的"自我投身"行动。这个漩涡在之后的流淌过程中几经转折跌宕，掺合了周围人群对作为源头的自我表现行为的种种反应(共鸣、肯定和修改调整等)，以及源头在此基础上的反作用效应，一点点地扩散，一点点地变大。在这个过程当中，漩涡中的每个个体的存在感与独特性都得以大幅度升华。而与此同时，参与互动的个体数也得以增加，相互之间的关系得以亲密化，关注的领域也趋向纵深化发展，总的来说就是处于漩涡中的每个个体之间的相互影响力得到了大幅度提升。

“创漩”

“创漩”的构造

构成“创漩”的两大原动力，一个是“感染和凝聚他人之力”，是指年轻人在表现自我的同时，吸引价值观相仿者靠近并建立起关系的一种力量。

另一个是“提升自我存在价值之力”，是指通过获取志同道合者的共鸣来提升自我存在感，及加强自我认同感的一种力量。

当这两种力量形成合力时，年轻人的欲求表现会形成立体螺旋式结构，漩涡也由此诞生。

如果我们把先前考察过的70后的欲求——“攀升”用坐标系统描述出来的话，它的定位应当在纵轴，呈垂直向上状。与此相比，90后的“创漩”显然更为复杂一些。两大原动力的平衡关系决定了其行为取向也必然会相应地呈现出两个以上不同的方向。反映到坐标系统上的话，应当会是一张上升(向上)扩大(向外)兼而有之的组合型坐标图吧。

我们可以看到，70后的欲求取向基本上是整体划一式的，并且带有明显的时代烙印。比如说想要好房子、好车子，想买高级物品等等，这个代际群体所渴望和追求的理想生活是清一色的。

而90后的欲求取向则呈现立体螺旋上升状，在向上发展的同时也在朝外进行多维度的扩散。想发挥自己的专长，想过与众不同的有个性的生活，想充实个人兴趣爱好等等，他们追求的是符合自我能力和富有自我色彩的生活。在此我们且抽出两者共通的上升轴来作一下比较。我们会发现，与方向单一的70后不同，90后则是多维度放射状的。另外，这里需要附带提一句的是，90后的上升方向并不是固定的。由于受到扩大轴(与他人的互动效应即相互作用)的影响，它也有可能随时发生改变。

构成“创漩”的两大原动力

“创漩”的俯瞰

我们前面说过，每个人的欲求表现其实都是一个“创漩”行为，结果就是会形成一个个相应的漩。而这一个个漩又分别会吸引各自圈子里面的诸多漩加入进来。这样一来，漩自然会越聚越多。试想一下，如果我们用俯瞰的姿态会看见一幅什么样的场景呢？是的，我们会看见一个巨大无比的漩涡，在它里面则游弋着一个个小小的漩涡。

先有某个人通过某个领域表现自我，然后自然而然的，会有一些持相同看法或意见的人循迹而来。举个例子，音乐爱好者们的线上或线下的聚会。这个其实就可以看作是某个特定音乐风格领域的欲求之漩所形成的集合体。这里面既有单纯向别人致意而不主动创漩的人，也有通过自我表现来刺激漩涡形成的人。还有一些人则因为拥有强大的感染力和表现力，他们所创造的漩涡可能会比一般人要大些。

同样，不管是时尚界、运动界，还是娱乐界，我们都可以看到，在各领域中由年轻人创造的各种漩涡正在日益增多，这些形态各异的漩涡逐渐汇聚，最终形成一个个丰富多彩的集合体。比如说，在企业行为的重要环节“品牌”领域，如果是年轻人共鸣度高的品牌的话，可能就已经有了很多漩涡集合体了。

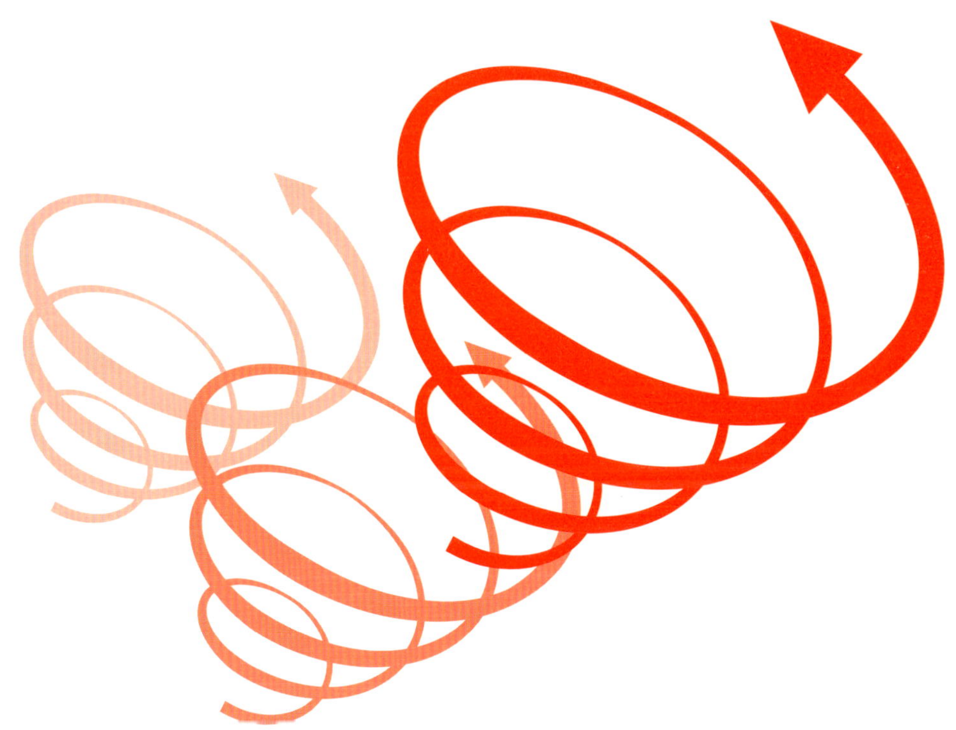

- 音乐之漩、
- 时尚之漩、
- 品牌之漩……

市场营销的转变

生活者的欲求变化趋势对企业的市场营销活动影响巨大。我们前面总结过，70后的欲求特征是“攀升”。所以在面向70后开展营销活动时，企业往往会在提供相应商品或者服务的同时，向生活者展示成功后所能享受的理想生活蓝图，以此来满足他们向上流动的心理欲求。这个做法其实就是通过传达“利用这个商品/服务就能享受这样高级的生活”的讯息，把目标具体化的一个过程。

过去，很多商品的营销其实都是通过煽动人们的消费激情来达成的。这一手法往往通过描绘普通大众可望不可及的富有生活情境，或者宣传一种全新的生活方式，来赋予人们更多的心理向往和情感需求。

但是，如今90后的欲求已经转变成“创漩”了，因此，相应的在市场营销手法上也应该有所调整。企业应当在分享年轻人的兴趣所在和他们的价值观的基础上，去支援他们的创漩活动。也就是说，其实关键可能就在于如何触发和对应“创漩”的两大原动力，即“提升自我存在价值的欲求”以及“感染和凝聚他人的欲求”。

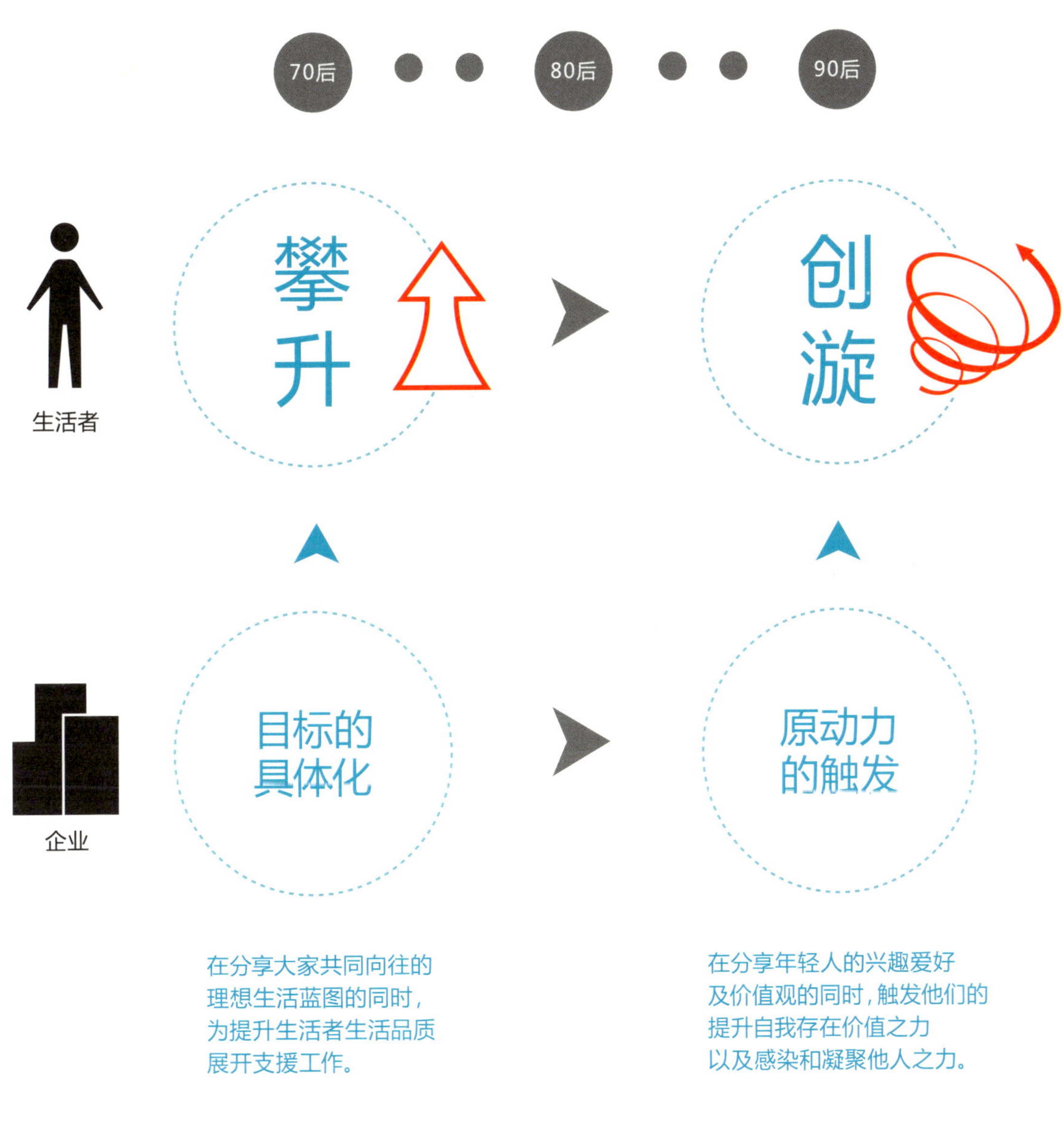

在分享大家共同向往的理想生活蓝图的同时，为提升生活者生活品质展开支援工作。

在分享年轻人的兴趣爱好及价值观的同时，触发他们的提升自我存在价值之力以及感染和凝聚他人之力。

Column5

伴随网络成长的90后大学生

中国传媒大学广告学院/IMI(创研)市场信息研究所

与其他代际人群不同，90后群体自诞生之日起就处于中国社会经济高速发展的年代，在成长过程中则充分享受着改革开放三十多年来累积的丰厚的物质成果。与此同时，自20世纪90年代中后期以来，互联网在中国日益普及，得到飞速发展，90后成为名副其实的“伴随网络成长的一代”。

2011年中国传媒大学广告学院IMI(创研)市场信息研究所进行了“90后大学生网络化生活研究”。研究发现，超过七成的90后大学生在上高中之前就已经开始接触互联网。这使得90后人群从一开始就能以一种全球化的视野去认识世界、了解世界。

作为一种工具，网络为90后大学生提供了多种、多样、多元化的信息和文化体验，然而网络对于90后大学生的意义不止于此。由于90后大学生所处校园环境和生活状态的限制，网络同时为他们搭建了一个虚拟的生活空间，成为他们释放情感的通路和文化生活的阵地。除了信息获取和辅助学习之外，休闲娱乐和社交沟通也是90后大学生网络生活的重要组成部分。

在社交沟通方面，90后大学生通过即时通讯工具和SNS社区不仅与同学、朋友联系，还与父母、亲人保持即时沟通。在90后大学生利用即时通讯工具经常联系的人群当中，同学或朋友所占比例最高，为98.5%；父母所占比例为37.7%，亲人所占比例为46.9%。

网络同时也是90后大学生的重要娱乐工具，以网络视频的使用为例，仅有2.3%的人表示从不收看网络视频。对90后大学生而言，网络视频总是能将最新鲜、最新奇的节目内容展现在他们眼前，要想看到喜欢的美剧、韩剧、港台剧、日剧，网络视频是最快途径。对于“没有互联网，我的娱乐生活会很单调”这一说法，他们中持肯定意见的比例(“非常同意”加“比较同意”的比例之和)为61.8%。网络在90后大学生娱乐生活中的重要地位可见一斑。

但大多数90后大学生并不认同“没有网络将无法生活”、“上网比上课更重要”、“网络带给我很大的归属感”这些说法，这表明尽管90后大学生对网络的依赖程度较高，但却能够较为理性、客观地看待网络，并没有完全依附于网络。

90后大学生开始接触互联网的时间

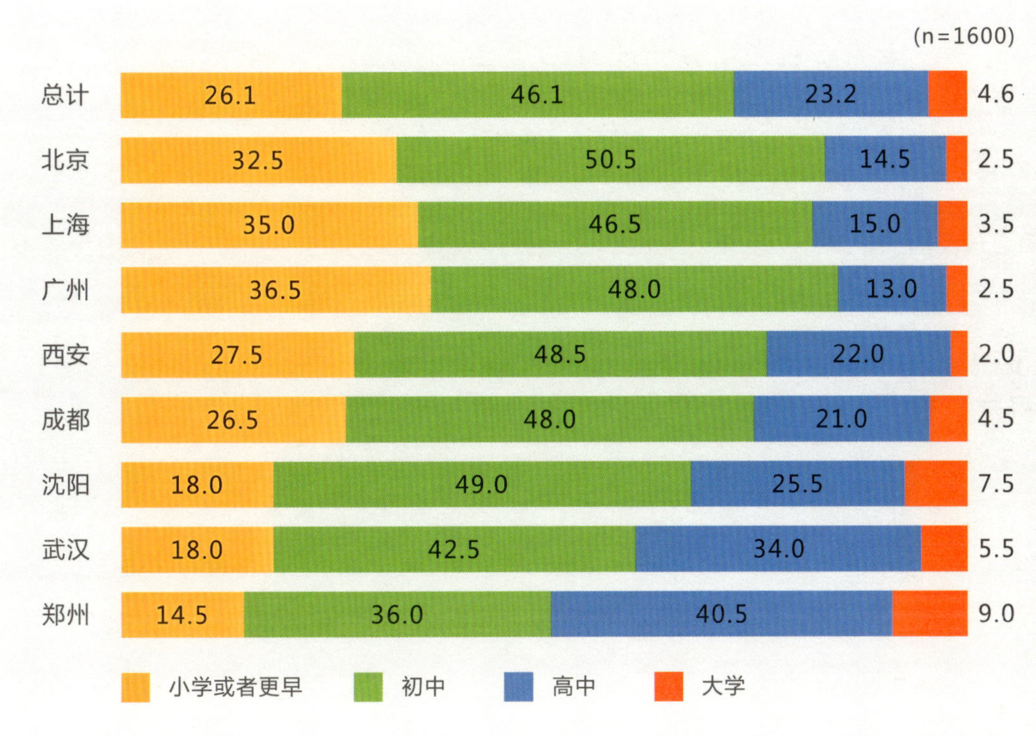

数据出处：90后大学生调查(面谈访问)

调查时间：2011年6月~7月

调查城市：北京、上海、广州、成都、武汉、西安、沈阳、郑州
共8个城市(每个城市200名)、共计1600个样本

一位90后男生网购的护肤品

一位90后大学生网购的钢笔，120元，他觉得用钢笔写字比较有感觉。

Column6

从微博达人看年轻人的微博发言风格

在网上，活跃着这样一群年轻人：他们有很多粉丝，人气很旺。他们是普通人，然而又不是那么普通。他们对时下的年轻人有着莫大的感染力和号召力。我们把这群有点特殊的年轻人称作“微博达人”，对他们的微博内容做了详尽的追踪分析。结果我们发现，他们的表达方式虽然看起来形态各异，但是其实还是可以找到一些共同点的。比如说诙谐的表达，又比如说略带哲学意味的表达方式。下面我们就举几个有代表性的例子来共同探讨一番。

➤ **特征(1)「诙谐的表达」**

就是以幽默或者嘲讽的眼光去看待平淡无奇的日常琐事，赋予其更多新奇有趣的意味。其精髓在于抓住对方的笑点，在揶揄的同时还能达到让人在笑声中思考的效果。

➤ **特征(2)「略带哲学意味的表达」**

就是从自己的视点出发去分析事物，并根据其情其景以接近格言禅语的方式表达出来。其特点是短小精悍，字数要控制在140字以内。这种表达方式对表现能力要求颇高。

➤ **特征(3)「积极型表达」**

就是以积极乐观的语气来表达自己对社会问题或者市井百态的一些看法。特点是不易受陈规陋俗的影响，能相对自由地表达自己地想法和理念。

➤ **特征(4)「支援型表达」**

其特点是强大的包容性。它要求作者对周围的一切都持宽容的态度，能够包容和接受对方。即便是对着陌生人的咨询，也要做出细致贴心的回应。这种表达方式还有一个特点就是无论何时都显得特别积极向上。

➤ **特征(5)「梦想共有型表达」**

年轻人总是追逐梦想的。他们在追求自身成长的同时，也希望周围的人能同步成长。这种心理动机使得他们乐于随时分享梦想或者有趣的经历。

诙谐表达方式的例子：

例① 20代网络营销策划、上海男性(粉丝数：约1万人)

寄语所有高考考砸的学生：1，你们要记得，你们已经尽力了，此生无悔；2，你们要记得，我的巨无霸里不要放生菜。

(40) | 转发(1061) | 收藏 | 评论(254)

例② 20代自由作者、上海女性(粉丝数：约3万9千人)

在城里领着一个丑女人散步是多么难为情啊。这句话是以下谁说的？A，福楼拜 B，拜伦 C，莫泊桑 D，左拉 其实选谁都差不多，那个时代男人的绅士风度主要都用在美人身上，当然现在也是一样的。

(10) | 转发(258) | 收藏 | 评论(37)

例③ 20代公司职员、北京男性(粉丝数：约4万4千人)

刚我北京同学来电，兴奋地说因为限购房政策，他的北京户口值钱了！买不了的外地人，先跟他假结婚，然后贷款买房，再离婚，他收房款1%作为安置费。丫兴奋得直打响鼻，说顺利的话今年可以结6次婚，娶6个媳妇。末了他感慨：做北京人，太幸福了。

| 转发(274) | 收藏 | 评论(99)

出处："微博达人访谈调查"

建议

针对年轻人的市场营销

“创漩”式市场营销构思模式

如果我们把关注年轻人“创漩”意识所引发的产品开发和市场营销工作统称为“创漩”式市场营销的话，那么我们又将如何去具体执行呢？

在前一章节中我们解构了“创漩”，并且提到了激发“创漩”的两大基础欲求，即“提升自我存在价值的欲求”和“感染和凝聚他人的欲求”的必要性。

另外，前文我们还提到过年轻人具有3个代表性行为特征“秀、晒、淘”。

如果将构成“创漩”原动力的两种欲求结合年轻人的3种行为特征一并考察，以一个矩阵模型来解读“创漩”式市场营销的话，或许可以从中得到一些新的启发。

	创漩	
	原动力① 提升自我存在价值的欲求	原动力② 感染和凝聚他人的欲求
秀		
晒	?	
淘		

激发“提升自我存在价值的欲求”

为对应“提升自我价值的欲求”与“秀、晒、淘”的行为特征，企业又该提供何种产品和服务呢？

“秀”是指“对产品实施个性化加工，并通过其加工方式来表现自我风格”的行为趋向。因此，企业可以通过提供有效的加工“方案”，来支持使用者实施。

⇨ 支持自我独特风格的建立

除了通过产品或服务来实施自我表现以外，还可以通过运用主题或构思的展现来支持年轻人自发性的自我表现。

⇨ 支持自我表现和自我宣传

此外，考虑到年轻人还有一个行为特征就是“通过对自身外表、心情以及其他点滴琐事的展现来表达自我风格”即“晒”，作为企业可以向产品使用者提供一些可供他们自发性地参与企业相关活动的平台，或许这也是一种有效的营销手段。

⇨ 建立共创的平台

关于“淘”，即年轻人会针对自己感兴趣的事物进行广泛寻找这一特性，对年轻人较为容易产生感应的信息进行“特制”性的加工，同时通过不同以往的信息发布手法来传递，这可能也是一种较为有效的营销手段。

⇨ 实现信息的独特化

2 支持自我表现和自我宣传

3 建立共创的平台

4 实现信息的独特化

激发"感染和凝聚他人的欲求"

年轻人"想感染和凝聚他人的欲求"，使得他们更倾向于在信息的海洋中寻找一些更能引起他人关注，更容易影响他人的信息情报。

就"秀"而言，年轻人更倾向于选择自己愿意加工和传播的信息。作为企业，只有在充分理解了这种特性的基础上去传播信息，才能达到更容易被年轻人所接受的效果。

⇨ 诱发可以产生连锁反应的自我表现方式

另外，针对喜欢"晒"这一年轻人特征，企业也可以通过"晒"自己来赢取年轻人的欢迎。如果企业不是一味地将自己的理念和想法高高在上地单向性传达给他们，而是可以通过不加修饰的平易近人的口吻来与他们沟通的话，不仅更能得到年轻人的共鸣，并且能让他们积极地去传达并影响自己周边的人。

⇨ 分享"真实自我"

在"淘"这一行为上，年轻人则倾向于在自己所关心的领域去积极留意大家重点关注的人物或持有同样价值观念人群的言论。因此，有效活用那些"达人"级传播群体的影响力将会是一种有效的传播手法。

⇨ 运用"有影响力人群"的效应

年轻人平时就在运用各种表达方式不断触动并影响着他人。如果使用与他们相近的语言和话术来沟通的话，可能更容易得到他们的接纳。

⇨ 使用感性的表达手法

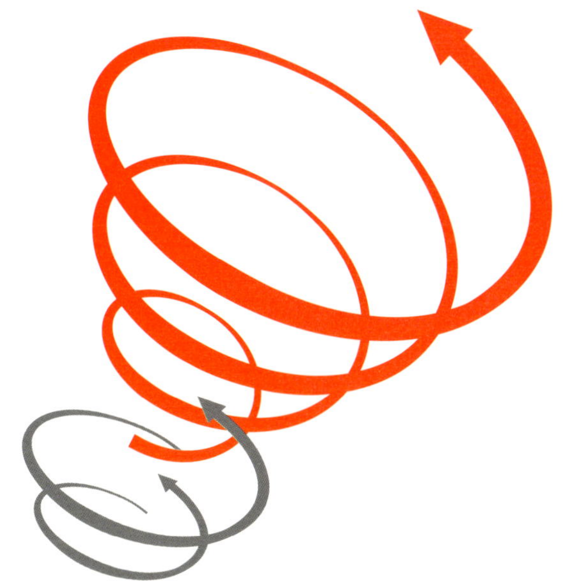

5 诱发可以产生连锁反应的自我表现方式

6 分享“真实自我”

7 运用“有影响力人群”的效应

8 使用感性的表达手法

1 支持自我独特风格的建立

适合自我独特方式的使用诀窍和机会，适合自我调试的产品部件的提供。

年轻人对于物品的使用，不仅仅停留在产品的原貌原样，他们有着更为积极的创建自我独特使用方式的心态。例如，比起“这件衣服很好看”的赞扬，他们更愿意听到“你的穿着方式很特别哦”之类的称赞话语。也就是说，他们渴望得到关注的并非产品本身，而是他们的产品使用方式以及采用这种使用方式的自己。

面对类似擅长数码相机摄影技巧或者化妆技巧的“达人”们，企业可以充分发挥他们的力量。把自己公司的产品交给他们，让他们自由地去使用，然后将他们的“灵活多样的使用方式”等信息发布到官网上，加以介绍和传播。这些信息会在被关注和被模仿的过程中得到进一步的扩散。这种情况就是一种“漩涡”的衍生，企业可以通过构筑分享与传播的平台来实现对“漩涡”的进一步扩散。

另外，为了实现“自我独特方式的加工和调试”，可以通过提供基础产品、零部件、精品配件等服务，从而帮助实现自我风格式的多样化使用方式的拓展。例如，有时间限制的改装服务，或者是购买后一段时间内的颜色、零部件的无偿更换服务。还有，也可以考虑通过大家投票的方式来决定外观颜色的种类等。

共享"达人"用户的
产品妙用法。

有时间限定的
改装服务，
购买后一定时间内的
零部件更换服务。

提供可供用户拓展
自我独特化可能性的
基础产品。

	创漩	
	原动力①	原动力②
秀	●	
晒		
淘		

2
支持自我表现和自我宣传

提供有助于树立优势和个性的主题与机会。

年轻人持有强烈的“自我存在价值表现”的欲求，但是他们对于自己具体能在哪个领域里表现以及如何去表现自我，都还没有很明确的认识，只是茫然地在不断寻找“与他人的不同之处”。

在我们的调研结果中，年轻人的自我表现是通过“烤面包”，“学俄罗斯语”或者“收集球鞋”等“精通某个领域”的姿态展现出来的，其特点是表现途径不在于“物品”而在于“行动”。

作为企业可以尝试提供“展现个性为主题”的机会，这也将会是一种好的方式。比如说“达人”，最近在中国“达人”这种称呼非常流行，对某个领域或者某件事物比较精通的人，大家会称呼他们为“XX达人”，“XX通”。企业可以考虑提供一种非官方的考核评定制度。例如，举办以“自拍达人”、“收藏佳人”等为主题的竞赛活动。

此外，对于那些希望在某些领域变得更加精通的人群，企业可以提供一些类似“杂学”的信息，也可以提供一些有助于促进信息交流的机会。重点是提供一些实用的技能信息，而不只是单纯地罗列知识。就拿威士忌酒来说，不只是介绍一些威士忌酒的历史或产地的相关知识，还可以传授一些品酒的方法或者以威士忌为基酒的鸡尾酒调制方法。

另外，还可根据不同的季节特性，提供一些可供玩家兴趣收藏的关联物品，创造一个能满足爱好者们对“个性化兴趣爱好物”的收集需求。

举办"XX达人",
"XX通"的选拔赛。

提供可供兴趣
收藏的关联物品。

提供有实用价值的
"杂学"。

	创旋	
	原动力①	原动力②
秀	●	
晒		
淘		

3 建立共创的平台

提供可供“创漩”的平台。

提供一个可供用户自发性地参与企业营销活动的框架是很必要的。“参与型”促销活动是一种长期以来就有的构思，为了迎合和满足“创漩”这一欲求，企业更应该关注来自用户本身的自发性欲求的诱发和利用。

所以，组建一个可供用户获取他们想要得到的信息，并且可供他们自行判断信息价值的平台是比较有效的。例如，那些谁都可以参与表达自己的意见看法，谁都可以参与评选活动的有关服装搭配或菜肴配方的网页就是一个很好的例子。

另外，官网上的“产品介绍”一栏，除了可介绍一些产品魅力以外，还可以尝试搭建一个能自动反映用户口碑评价的系统。在此基础上，企业可以收集用户意见，根据他们的投票结果来决定新色系或新味道等新产品的开发方向。

没有时间限制的、生活者可以长久性接触使用的广告传播活动的运作，更容易让小的“漩涡”逐渐演变为大的“漩涡”。

对于企业来说，和用户的关系不应该只停留在购买的过程中，而是应该通过收集用户使用方式等相关信息的反馈意见，从中得到更多有价值的信息，从而建立起一种双赢的互惠关系。

可供用户分享
产品使用方法的
网页。

通过征求用户意见
来决定产品款式的
促销活动。

能及时反映
用户意见的官网，
以及在店头的
信息共享。

	创旋	
	原动力①	原动力②
秀		
晒	●	
淘		

4

实现信息的独特化

把信息加工成为口碑，提高信息到手的难度。

年轻人的信息收集能力非常强，例如，某些人对70年代的摇滚乐很精通，也有些人对自己喜欢的国外偶像会惠顾哪些店铺非常了解。对于他们来说，世界上流行的东西大都已经耳熟能详了。因此单凭这些信息去吸引他们是比较困难的。年轻人更倾向于迷恋那些尚不为人所知的，或是别人难以到手的信息，他们认为那些更有价值。

比如说，企业可以通过发布一些非公开的有趣味性的小花絮，这些信息会在无形之中转变为一种小道消息，或是杂学、流言之类的信息。

另外，比如通过对网络信息的下载时间加以限制，或者对搜索渠道加以特定设置，来提高信息收集的难度，就可以达到变相提高信息本身的价值的效果。

除对一般大众广发信息以外，企业还可以考虑把信息本身提炼为更具有深度的内容，或者去设计一种更具独特性的传播方式。

传播可以转变为花絮、杂学、传说等形式的口碑“源泉”。

非公开信息的“酝酿”。

限定可搜时间段或搜索渠道来提高信息到手难度，赋予该过程一种游戏感。

	创旋	
	原动力①	原动力②
秀		
晒		
淘	●	

5 诱发可以产生连锁反应的自我表现方式

传播用户自身容易加工的信息，以及大家愿意模仿的行为内容。

“杜甫很忙”在网上流行的原因是因为题材本身是一个家喻户晓的内容，此外作品创作加工也是非常容易上手。

只要企业注重传播年轻人容易加工的信息，举办他们愿意模仿的促销活动，可以想象在年轻人当中势必会诱发产生不断扩散式的自我表现的连锁反应。

比如说，现在网络上有一种所谓的虚拟角色扮演，其原理就是提供多种基础造型以及发型、服饰等，使得用户可以简便地从中挑选并加以自由组合，搭配出自己所向往的造型。如果有一个可以分享加工完的作品的平台的话，产品话题就可以得到进一步的扩散。

另外，11月11日原本只是大家互相戏谑的“光棍节”，近几年来却在网购促销活动的影响下，逐渐演变成了“狂欢购物节”。这是一个非常典型的例子，一个已经被社会所接受的概念，在经过重新加工包装后又得到了进一步的信息连锁反应。

同时，在不违背消费者最终利益的情况下，发布一些例如“发售前的新产品被盗了”、“产品格式被进行了奇异的调整”等可以使品牌的拥护者大吃一惊的传播话题，从而帮助产品的信息得以更迅速更广泛地扩散。

提供不需要有特别技术，不需要花太多时间的表现模式。

提供能让品牌拥护者们大吃一惊的话题。

对大家已经理解知道的内容，通过视点的转化提高促销效应。

	创旋	
	原动力①	原动力②
秀		●
晒		
淘		

6

分享“真实自我”

将企业以及品牌的真实面貌展现出去。

“为提高生活质量而努力”、“为创造未来而奋斗”等传播格调的品牌诉求已较为老套。对年轻人来说，他们会因为感觉到相互之间有隔阂而不容易接受。

年轻人在日常生活中会不断将自己相关的信息晒给周边人看，同样，他们对那些愿意将自己真实的一面表达出来的人，会倾向性地表露出更多的信赖和喜好。所以说，一个可以将自己真实的一面完全表露出来的企业，才会得到年轻人的共鸣。

最近，很多企业除了在自己的官方网页上发布信息以外，还在尝试使用微博等其他非官方渠道发布信息，除此之外他们还允许自己的员工发布一些自我解读后的补充说明。

另外，企业领导人的个性化着装及语言表达风格也有助于企业形象的提升和品牌亲和力的增强。企业领导人也可以以普通人的身份，通过微博等社交媒体与普通“生活者”进行互动。

现如今，如果企业只是一味地发布老套的产品研发故事或者成功案例的话，消费者不一定会接受，反而是那些或讲述企业成功背后的故事，或渲染领导人的执着以及专业技师的挑战精神等迂回曲折的纪录片，则能更使人感受到这是一个具有亲和力的企业或品牌。

有较强情感性的
企业纪录片。

通过非官方信息渠道
发布非正式信息。

企业领导人的
自我个性展现。

	创旋	
	原动力①	原动力②
秀		
晒		●
淘		

7
运用“有影响力人群”的效应

以“周边要素”为起点发布信息。

企业在发布信息的时候常常会使用名人效应这一手法，但这手法可能并不适用于时下的年轻人，因为他们只“对自己感兴趣的事物会大范围地寻找”。他们更重视的是自己关心的领域内，持有一定影响力的人的意见，也就是所谓的“有影响力人群”发布的信息内容。

在某些领域，似乎一些既非艺人也非专家的普通达人的信息传播影响力有所增强。

最近，起用这些普通达人，试图发挥他们的“草根”明星效应的企业越来越多，不过该效果尚未得到充分验证。原因是消费者其实更关注的是“有影响力人群”本身的想法和观点。所以说，应该让“有影响力人群”去承担信息组织工作。也就是说，将他们作为信息创造者来看待的话可能会更加有效。

另外，为了得到年轻人的关注，企业常常会与年轻人较为关注的服装品牌、明星、动漫作品等进行合作。如果只是合作的话，传播效果可能不尽如人意。如何发挥与消费者关系密切并对品牌合作有深度理解，且能有效扩散相关信息的第三方的作用是至关重要的。

不仅仅是
形象上的代言，
而应该是起用价值观
也相仿的代言人

通过与年轻人
所关注的领域的结合，
实现对第三方的
充分利用

充分发挥
“有影响力人群”
用户的作用，
让他们成为
信息创造者

	创	旋
	原动力①	原动力②
秀		
晒		
淘		●

8 使用感性的表达方式

运用刺激右脑的感性的表现手法。

我们发现在年轻人发布的微博内容中，有很多为了引起他人关注而运用的不同表现手法。特别是微博达人(拥有很多粉丝的微博用户)，更是擅长于此。

而这些表达手法都有一个共同点，即"感性的表现"。

例如，对于各种感情的图像化表达、新的词汇的创作、在普通的照片上加上有趣的注脚、用诙谐的语调调侃负面的信息、"！！！"感叹号的连用等等。

又例如，某个受年轻人欢迎的企业微博起用的是一个像大家的朋友一样的代言人；另一个企业的宣传活动中讲述的是一个描述家庭温暖和友情的感人故事，它们都成功地引起大家的关注，成为了热门话题。

运用感性的表达方式，可以更容易让年轻人产生共鸣。

夸张的表达
感人的故事
更多图像化手法的运用
机智诙谐的语气
朋友式口吻
创旋
原动力①
原动力②
秀
晒
淘

向“创旋”式市场营销转型

从以“物”为中心到以“人”为中心

所谓“创旋”式市场营销，可能有人认为就是“和年轻人互动”，但我们想指出，单单举办“参与型”宣传活动是不够的，我们更需要的是转变观念，在“如何互动”这一环节上找到突破。

以往的企业营销手法是在提供商品的基础上，告诉人们该商品的一些“优点”和“价值”，然后传达出一种生活可以因此有所改变的讯息。

但“创旋”式市场营销是，促发年轻人去“创造价值”，而企业则会为他们提供相应的“素材、线索”，或者“场所、平台”。

简单地说，就是我们的思维需要从“以物为中心”转向“以人为中心”。商品不再只是能为人们提供新的“生活方式”或“生活价值”的东西，而是要成为能让人们在使用商品的过程中，萌发出想要创造新的生活方式和价值意识的东西。也就是说，我们需要考虑的是，商品是否能激发用户的创造力。

我们例举的8个具体建议，其精髓就在于促发用户去主动寻找，而不是被动地认知信息。促使用户去实际使用，而不是单纯地选择该商品。以往的市场营销，多是将重点放在“扩大认知，引发兴趣，促成选择”这一“意识转换”过程中，今后，针对年轻人的新型市场营销方式，则应该将重点放到“诱发信息搜索，打造热门话题，邀约实际使用”这样一个“行动唤起”环节上。

1. 支持自我独特风格的建立
2. 支持自我表现和自我宣传
3. 建立共创平台
4. 信息的独特化
5. 诱发可以产生连锁反应的自我表现方式
6. 分享“真实自我”
7. 运用“有影响力人群”的效应
8. 使用感性的表达手法

90后大学生的消费：观念与行为

中国传媒大学广告学院/IMI(创研)市场信息研究所

与其他的年代的大学生相比，90后大学生所处的经济环境已经相当优越，生活费自然水涨船高，消费形态也呈现出多样性。2011年中国传媒大学广告学院IMI(创研)市场信息研究所进行的“90后大学生网络化生活研究”的结果表明，“我宁愿多花点钱购买品质较好的东西”的回答率为最高(5分制评价的3.88分)，其次为“对于想要的东西，价格贵一些也会买”(3.61分)，“我认为名牌的商品品质比较好”(3.55分)。近年来，90后大学生对于商品购买的关注重点已经开始倾向于往“品质”和“是否符合自己品味”等内涵需求上转移了。

同时，在其他的定性调研分析中我们发现，90后的消费特征可以归纳为三个关键词：“自我”、“理性”和“流行”。

“自我”：90后大学生普遍具有强烈的自我意识，这种自我不仅仅是通常意义上的“以自我为中心”，更是一种自我观点的坚持、自我意愿的表达以及自我价值的追求。“我”也是他们在消费中最优先考虑的因素，强调自己的内心声音和自我意愿的表达，“我想要、我喜欢、适合我”是他们消费抉择的重要驱动力。

“理性”：在强调自我意识和关注流行的同时，多数90后大学生的消费观念较为理性，他们并不盲目消费。在消费诱惑面前仍然有着自己的独立思考和判断，这一点在他们网络购物行为上可见一斑。

“流行”：90后大学生作为网络时代的年轻人，对流行有着更为敏锐的触角。商品是否具有流行元素，或者商品本身是否流行，是吸引90后眼球的魔力法宝。杂志和网络是他们重要的流行指南。此外，在90后大学生当中，以周围同学朋友为代表的参考群体对其消费有重要影响。网络尤其是SNS社区将参考群体的影响范围进一步扩大，流行的传播更加迅速。

从中国8个城市的大学生的研究结果中我们发现，随着日常生活的不断富裕，90后年轻人的消费行为出现了不断倾向于尊重和优先自我“个人”的趋势。同时，这种个人主张并非是盲目性的，而更多的是一种理性化的消费行为，是在对产品的品质以及附加价值等实施理解的基础上所展现出来的一种聪明智慧的消费行为。

90后大学生购物注重点

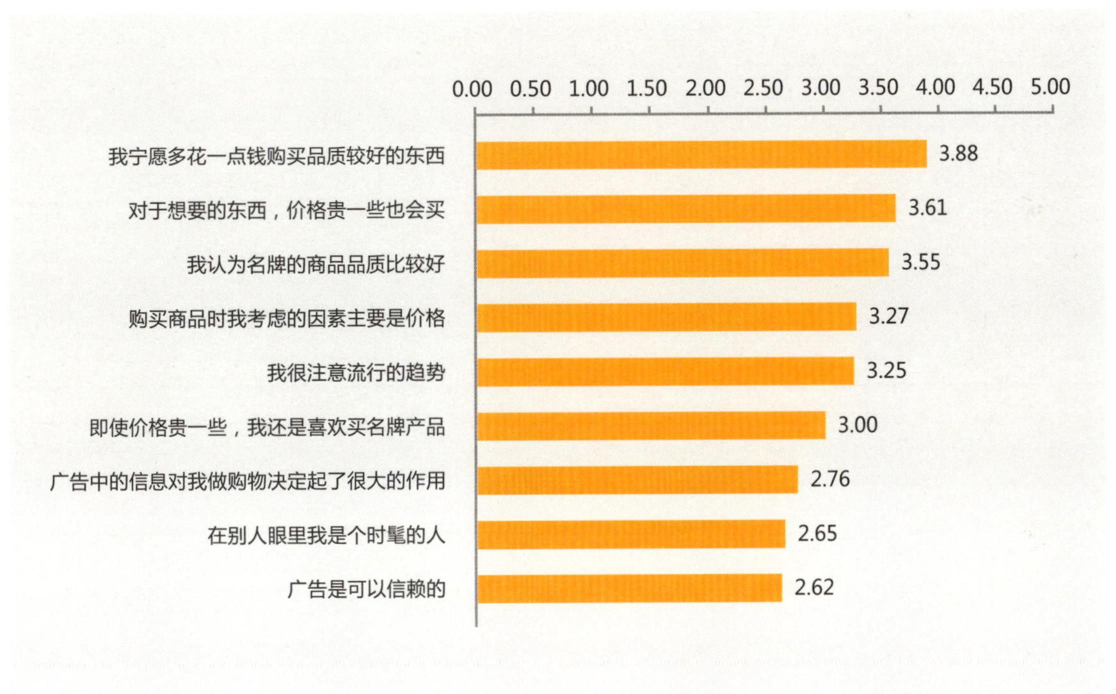

数据出处：90后大学生调查(面谈访问)

调查时间：2011年6月~7月

调查城市：北京、上海、广州、成都、武汉、西安、沈阳、郑州
共8个城市(每个城市200名)、共计1600个样本

※说明：调查时请被访者对以上观念进行评分，将“非常同意”赋值为5，“比较同意”赋值为4，“一般”赋值为3，“比较不同意”赋值为2，“非常不同意”赋值为1，计算所得均值称为同意度均值。

Column8

生活者洞察新手法：“微博历史分析”介绍

博报堂生活综研(上海)在研究生活者的欲求的同时，致力于开发对于了解生活者的有效方法，并作为“生活者洞察新手法”，不定期地对外发表。

2012年年底，我们发表了第一篇利用微博进行的调查手法：微博历史分析手法。(www.shenghuozhe.cn)

“微博历史分析”是将微博看作“洞察人们欲求的庞大的数据库”，是一种通过对微博上自发公开的发言内容和照片进行定性分析，读取发言人的生活行为及欲求的手法。

本次我们以在市场营销中越来越受到注目的90后为对象，运用此手法进行了实际分析。研究结果已发表在我们的《从微博看90后的10个欲求》这一报告中。

主要通过90后与70后微博用户的微博使用方法的比较，例举出了具有90后特征的10个欲求。右页介绍了其中一例。

《从微博看90后的10个欲求》代表例

将70后与90后的微博内容进行比较

70后：会有意识地选择一些漂亮的场所、有点档次的体验来公布。

90后：除了一些漂亮的场所，也会将日常生活的场景不加修饰地发布在微博上。

90后微博的特征

不加修饰地“晒”平时的生活。

打个比方

微薄是我的：纪录片、电视剧。 我是：主人公。

通过微博看90后的欲求

想要与朋友熟人分享自己在做什么。希望他们总是记得自己。

换句话说

想要做的是：分享日常生活的一切。 希望得到的是：365天都记得我。

希望通过"生活者发想"倡导新的生活方式

"最近，看到很多年轻女性喜欢背着个大大的单反相机，热衷于摄影……"

我们博报堂生活综研(上海)的研究员们对于日常生活中发生在身边的"有意思！"的、"前所未有，很新鲜！"的那些"让人在意"的生活情景充满了好奇心。开篇提到的"拿着单反的年轻女性"，也是当时在筹备博报堂生活综研(上海)成立事宜时，我们在临时办公室所在地的创意园区内目睹并"意识"到的一道风景。这本书所阐述的"创漩"这一概念，其灵感也正是来自于对这些日常生活情景细微观察的结果。

不论在哪个时代，为社会带来新能量的一定是年轻一代。从这个意义上来说，在生活富足的城市里成长起来的年轻人，正是能为新生活和新消费带来无限可能性的一群人。正因为如此，我们将首年度的课题研究对象定位在年轻人身上。研究结果也表明，"创漩"行为最多出现在90后中，同时在80后70后当中也有一定的比例，并且就今后的参与意向度而言，无论哪个年龄层都呈现出上升的趋势。我们认为，"创漩"在不远的将来，可能会成为不仅仅局限于年轻人，而是同时发生在各个年龄层的推动社会发展的主潮流。希望我们有关"创漩"的解读和执行方法的建议能对大家的市场营销活动有所帮助。同时，我们也意识到本次研究只涉及了年轻人研究领域的一小部分，地区性、收入结构、国家之间的对比等要素尚有待进一步的深入和细化。我们今后也会继续研究和探讨与年轻人相关的其他课题。

另外，我们也会计划对其他的一些新课题展开研究。我们希望可以运用“生活者发想”这一智慧，和大家一起共同探讨未来的生活方式，并提供我们独到的见解以供各界人士参考。敬请大家关注博报堂生活综研(上海)今后的动向。

最后，希望大家都能通过“生活者发想”去尝试“创旋”，领略其中的魅力。

谢谢大家！

博报堂生活综研(上海)　全体研究员

博报堂生活综研（上海）

加藤敏明

大熊健二

多湖广

钟　鸣

石井雅士

王慧蓉

方华英

朱程程

中国传媒大学　广告学院

黄升民
(中国传媒大学广告学院院长 教授)

黄京华
(中国传媒大学广告学院广告学系主任 教授)

杨雪睿
(中国传媒大学广告学院广告学系 副教授)

项目协助

秦洁羽

蒋雪妮

秦啸宇

奥山大地

(以上均为博报堂集团员工)

创漩

都市年轻人的行为特征及其心理洞察

生活者"动"察2013

The Dynamics of Chinese People

博报堂生活综研(上海)

图书在版编目(CIP)数据

创漩 : 都市年轻人的行为特征及其心理洞察 / 博报堂生活综研(上海)市场营销咨询有限公司著.
—上海: 文汇出版社, 2013.5
ISBN 978-7-5496-0793-8

Ⅰ. ①创… Ⅱ. ①博… Ⅲ. ①城市—青年—心理行为—研究—中国Ⅳ. ①D432.7②B842

中国版本图书馆CIP数据核字(2013)第076576号

创漩：都市年轻人的行为特征及其心理洞察

策划推进 / 博报堂生活综研(上海)市场营销咨询有限公司
责任编辑 / 戴铮
装帧设计 / 格拉慕可企业形象设计咨询(上海)有限公司
上海蓝奇紫辉广告传媒有限公司

出版发行 / 文匯出版社
上海市威海路755号
(邮政编码200041)
经　　销 / 全国新华书店
印刷装订 / 上海锦佳印刷有限公司
版　　次 / 2013年5月第1版
印　　次 / 2013年5月第1次印刷
开　　本 / 889×1194　1/16
字　　数 / 50千
印　　张 / 7.75
印　　数 / 1—3000

ISBN978-7-5496-0793-8
定　　价 / 68.00元